박문각

합격을 결정짓는

김병렬 필수서

부동산공시법령 2차

박문각 공인중개사

브랜드만족 1위 박문각

20 25

근거자료 별면표기

이 책의 차례

PART
01

공간정보의
구축 및 관리
등에 관한 법률

부동산등기법

박문각 공인중개사

공간정보의 구축 및
관리 등에 관한 법률

총칙(지적제도의 의의)

지적제도의 의의

(1) 지적의 3요소 - 토지, 등록, 지적공부

지적제도는 등록대상인 '토지'와 공적 장부에 기록하는 행위인 '등록', 지적에 관한 사항을 기록하고 관리하는 공적 장부인 '지적공부'라는 3가지의 요소를 필요로 한다.

(2) 지적제도의 유형

발전과정	경계표시(측량방법)	등록차원 (등록대상)	등록의무
세지적 ⇨ 법지적 ⇨ 다목적 지적	① 도해지적 　이해↑, 비용↓, 정밀↓, 전국 ② 수치지적 　이해↓, 비용↑, 정밀↑, 일부	2차원 지적 3차원 지적	소극적 지적 적극적 지적

① **도해지적**: 토지의 경계를 도면 위에 선으로 표시하여 등록, 일반인이 토지의 형상을 쉽게 파악할 수 있다는 장점이 있으며, 우리나라 전국 모든 토지에 지적도, 임야도를 두고 있다.

② **수치지적**: 토지의 경계점을 좌표로 표시하여 등록, 일반인이 이해하기 어렵고 비용이 많이 요구되므로, 우리나라는 일부 지역에만 지적도와 함께 경계점좌표등록부를 비치한다.

(3) 지적제도와 등기제도의 비교

구분	지적제도	등기제도
근거법률	「공간정보의 구축 및 관리 등에 관한 법률」	「부동산등기법」
기능	사실관계 공시	권리관계 공시
등록객체	토지	토지 및 건물
담당기관	국토교통부(지적소관청)	사법부(등기소)

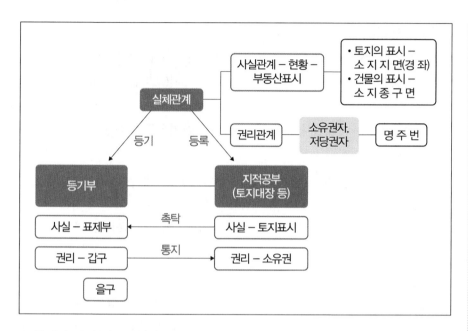

🐦 등기와 지적 관련 법조문 정리

「**부동산등기법**」 제62조 【소유권변경 사실의 통지】 등기관이 다음 각 호의 등기를 하였을 때에는 지체 없이 그 사실을 토지의 경우에는 지적소관청에, 건물의 경우에는 건축물대장 소관청에 각각 알려야 한다.

1. 소유권의 보존 또는 이전
2. 소유권의 등기명의인 표시의 변경 또는 경정
3. 소유권의 변경 또는 경정
4. 소유권의 말소 또는 말소회복

「**공간정보의 구축 및 관리 등에 관한 법률**」 제89조 【등기촉탁】 ① 지적소관청은 제64조 제2항[신청 또는 직권에 의한 토지이동정리(신규등록을 제외한다)]·제66조 제2항 (지번변경)·제82조(바다로 된 토지의 등록말소)·제83조 제2항(축척변경)·제84조 제2항(직권정정) 또는 제85조 제2항(행정구역 개편시 새 지번부여)에 따른 사유로 토지의 표시 변경에 관한 등기를 할 필요가 있는 경우에는 지체 없이 관할 등기관서에 그 등기를 촉탁하여야 한다. 이 경우 등기촉탁은 국가가 국가를 위하여 하는 등기로 본다.

「**부동산등기법**」 제29조 【신청의 각하】

11. 신청정보 또는 등기기록의 부동산의 표시가 토지대장·임야대장 또는 건축물대장과 일치하지 아니한 경우

(4) 필수 용어 정리

① **지적소관청** : 지적공부를 관리하는 특별자치시장, 시장(「제주특별자치도 설치 및 국제자유도시 조성을 위한 특별법」 제10조 제2항에 따른 행정시의 시장을 포함하며, 「지방자치법」 제3조 제3항에 따라 자치구가 아닌 구를 두는 시의 시장은 제외한다)·군수 또는 **구청장**(자치구가 아닌 구의 구청장을 포함한다)을 말한다.

② **지적공부** : 토지대장, 임야대장, 공유지연명부, 대지권등록부, 지적도, 임야도 및 **경계점좌표등록부** 등 지적측량 등을 통하여 조사된 토지의 표시와 해당 토지의 소유자 등을 기록한 대장 및 도면(정보처리시스템을 통하여 기록·저장된 것을 포함한다)을 말한다.

③ **필지**
　㉠ **의의** : 대통령령으로 정하는 바에 따라 구획되는 토지의 등록단위를 말한다.
　㉡ **1필지의 성립요건** : 어떠한 토지가 1필지로 성립되기 위해서는 동일한 지번부여지역 안의 토지로서 소유자와 용도가 같고 지반이 연속되어 있어야 한다.
　　ⓐ **지번부여지역이 동일할 것** : 지번부여지역이라 함은 지번을 부여하는 단위지역으로 동·리 또는 이에 준하는 지역을 말한다.
　　ⓑ **소유자가 동일할 것** : 공유토지라면 지분도 동일하여야 한다.
　　ⓒ 지목(용도)이 동일할 것
　　ⓓ 축척이 동일할 것
　　ⓔ **지반이 연속될 것** : 합병하려는 각 필지가 서로 연접하지 않은 경우는 합병이 제한된다.
　　ⓕ **등기 여부가 동일할 것** : 1필지가 되기 위해서는 전부가 미등기되어 있거나 전부가 등기되어 있어야 한다.

④ **토지의 표시** : 지적공부에 토지의 소재·지번(地番)·지목(地目)·면적·경계 또는 좌표를 등록한 것을 말한다.

⑤ **토지의 이동** : 토지의 표시를 새로 정하거나 변경 또는 말소하는 것을 말한다.

⑥ **지적측량** : 토지를 지적공부에 등록하거나 지적공부에 등록된 경계점을 지상에 복원하기 위하여 필지의 경계 또는 좌표와 면적을 정하는 측량을 말하며, 지적확정측량 및 지적재조사측량을 **포함한다.**

⑦ **축척변경** : 지적도에 등록된 경계점의 정밀도를 높이기 위하여 작은 축척을 큰 축척으로 변경하여 등록하는 것을 말한다.

| 제2절 | **토지의 조사 · 등록** 제28회, 제32회, 제33회 |

보충 직권 토지이동정리 절차(규칙 제59조 - 법 제64조 제2항 단서)

1. 지적소관청은 토지의 이동현황을 직권으로 조사 · 측량하여 토지의 지번 · 지목 · 면적 · 경계 또는 좌표를 결정하려는 때에는 토지이동현황 조사계획을 수립하여야 한다.

2. 토지이동현황 조사계획은 시 · 군 · 구별로 수립하되, 부득이한 사유가 있는 때에는 읍 · 면 · 동별로 수립할 수 있다.

3. 지적소관청은 토지이동현황 조사계획에 따라 토지의 이동현황을 조사한 때에는 토지이동조사부에 토지의 이동현황을 적어야 한다.

4. 지적소관청은 토지이동현황 조사결과에 따라 토지의 지번 · 지목 · 면적 · 경계 또는 좌표를 결정한 때에는 이에 따라 지적공부를 정리하여야 한다.

5. 지적소관청은 지적공부를 정리하려는 때에는 토지이동조사부를 근거로 토지이동조서를 작성하여 토지이동정리결의서에 첨부하여야 하며, 토지이동조서의 아래 부분 여백에 '「공간정보의 구축 및 관리 등에 관한 법률」 제64조 제2항 단서에 따른 직권정리'라고 적어야 한다.

6. 직권 조사측량 정리절차

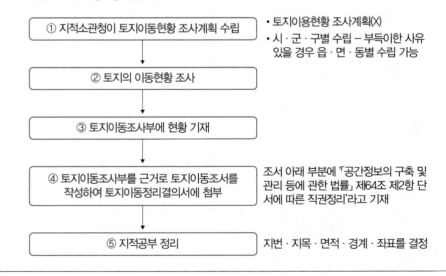

① 지적소관청이 토지이동현황 조사계획 수립
 • 토지이용현황 조사계획(X)
 • 시 · 군 · 구별 수립 - 부득이한 사유 있을 경우 읍 · 면 · 동별 수립 가능

② 토지의 이동현황 조사

③ 토지이동조사부에 현황 기재

④ 토지이동조사부를 근거로 토지이동조서를 작성하여 토지이동정리결의서에 첨부
 조서 아래 부분에 「공간정보의 구축 및 관리 등에 관한 법률」 제64조 제2항 단서에 따른 직권정리'라고 기재

⑤ 지적공부 정리
 지번 · 지목 · 면적 · 경계 · 좌표를 결정

등록사항

지번 제27회, 제28회, 제29회, 제30회, 제35회

(1) 지번의 의의

① 지번은 지적소관청이 지번부여지역별로 차례대로 부여한다.

② 지번은 북서에서 남동으로 순차적으로 부여한다.

③ 지번은 본번과 부번으로 구성한다(부번만으로 ×).

④ 본번과 부번 사이는 '-'로 연결하며 '의'라고 읽는다.

⑤ 지번의 표기는 아라비아 숫자로 표기하고, 임야대장 및 임야도에 등록하는 지번은 숫자 앞에 '산'자를 붙인다.

(2) 토지이동에 따른 지번부여방법

① 신규등록 및 등록전환

원칙	인접토지의 본번에 부번을 붙여 지번을 부여
예외	다음의 경우에는 지번부여지역의 최종 본번의 다음 순번의 본번으로 부여 ㉠ 최종 지번의 토지에 인접한 경우 ㉡ 멀리 떨어져 있는 경우 ㉢ 여러 필지인 경우

② 분할

원칙	1필지는 분할 전의 지번, 나머지 필지의 지번은 본번의 최종 부번 다음 순번으로 부번을 부여
예외	주거용 또는 사무실 등의 건축물이 있는 경우에는 분할 전 지번을 우선하여 부여

③ 합병

원칙	선순위 지번 부여, 본번만으로 된 지번이 있는 경우에는 본번 중 선순위 지번 부여
예외	토지소유자가 합병 전의 필지에 주거·사무실 등의 건축물이 있어서 그 건축물이 위치한 지번을 합병 후의 지번으로 신청할 때에는 그 지번을 합병 후의 지번으로 부여하여야 한다.

기출 ∥ 지번은 국토교통부장관이 시·군·구별로 차례대로 부여한다. (×)

기출 ∥
1. 지번은 아라비아 숫자로만 표시한다. (×)
2. 지번은 아라비아 숫자로 표기하여야 하며, 모든 임야대장 및 임야도에 등록하는 토지의 지번은 숫자 앞에 '산'자를 붙여야 한다. (○)

기출 ∥
1. 신규등록 대상토지가 그 지번부여지역의 최종 지번의 토지에 인접하여 있는 경우에는 그 지번부여지역의 최종 본번의 다음 순번부터 본번으로 하여 순차적으로 지번을 부여할 수 있다. (○)
2. 등록전환 대상토지가 여러 필지로 되어 있는 경우에는 그 지번부여지역의 최종 본번의 다음 순번부터 본번으로 하여 순차적으로 지번을 부여할 수 있다. (○)
3. 분할의 경우에는 분할 후의 필지 중 1필지의 지번은 분할 전의 지번으로 하고, 나머지 필지의 지번은 최종 본번 다음 순번의 본번을 순차적으로 부여하여야 한다. (×)

④ **도시개발사업 시행지역**(지적확정측량을 실시한 지역)

원칙	해당 지역의 본번으로 부여. 단, 다음의 경우 제외 ㉠ 시행지역 안의 종전 지번과 지역 밖에 있는 본번이 같은 지번이 있는 때 그 지번 ㉡ 시행지역의 경계에 걸쳐 있는 지번
예외	부여할 수 있는 종전 지번의 수가 새로 부여할 지번의 수보다 적은 때 ㉠ 블록 단위로 부여하거나 ㉡ 그 지번부여지역의 최종 본번의 다음 순번부터 본번으로 순차적으로 부여

⑤ 지번변경, 축척변경, 행정구역개편으로 새 지번 부여 ⇨ 도시개발사업 시행지역의 지번부여방법(위 ④)을 준용한다.

⑥ **도시개발사업 등 준공 전 지번 부여 가능**: 사업계획도에 의거(원칙은 공사 완료시 부여) ⇨ 도시개발사업 시행지역의 지번부여방법(위 ④)을 준용한다.

⑦ 지적소관청은 행정구역의 변경, 도시개발사업의 시행, 지번변경, 축척변경, 지번정정 등의 사유로 지번에 결번이 생긴 때에는 지체 없이 그 사유를 결번 대장에 적어 영구히 보존하여야 한다.

(3) 지번의 변경

① 지적소관청은 지적공부에 등록된 지번을 변경할 필요가 있다고 인정하면 시·도지사나 대도시 시장의 승인을 받아 지번부여지역의 전부 또는 일부에 대하여 지번을 새로 부여할 수 있다.

② **지적소관청이** 시·도지사나 대도시 시장에게 제출: 승인신청서 + 지번 등 명세(대상지역의 지번·지목·면적·소유자에 대한 상세)

⇨ 시·도지사나 대도시 시장은 지적도 및 임야도를 확인하고 지번변경 사유 등을 심사한 후 그 결과를 지적소관청에 통지하여야 한다.

③ **지번부여방법**: 도시개발사업 시행지역의 지번부여방법을 준용한다.

④ 소유자의 사전동의 ×, 지번변경 후 지적소관청이 소유자에게 통지 ○

⑤ 지번변경 후 지적소관청은 관할 등기관서에 변경등기 촉탁

참고 | 시·도지사 또는 대도시 시장의 승인사항

1. 지적공부의 반출 승인

2. 지번변경 승인

3. 축척변경 승인

참고 | 도시개발사업 시행지역의 지번부여방법을 준용하는 경우

1. 지번변경

2. 축척변경

3. 행정구역개편으로 새 지번 부여

핵심 **지목설정의 원칙**
1. 지목법정주의
2. 1필지 1지목 원칙
3. 주지목추종의 원칙
4. 영속성의 원칙

제2절 | **지목** 제27회, 제28회, 제29회, 제30회, 제31회, 제32회, 제33회, 제34회, 제35회

(1) 지목설정의 원칙

영 제59조 【지목의 설정방법 등】 ① 법 제67조 제1항에 따른 지목의 설정은 다음 각 호의 방법에 따른다.
1. 필지마다 하나의 지목을 설정할 것
2. 1필지가 둘 이상의 용도로 활용되는 경우에는 주된 용도에 따라 지목을 설정할 것
② 토지가 일시적 또는 임시적인 용도로 사용될 때에는 지목을 변경하지 아니한다.

(2) 지목의 명칭

① **정식명칭**: 토지대장, 임야대장에 등록

② **약식명칭**: 지적도, 임야도에 등록[원칙 - 두(頭)문자, 예외 - 차(次)문자]

③ **차문자**: 주(차)장, 공(장)용지, 하(천), 유(원)지

(3) 지목의 구분

① **전**: 물 상시 ×, 곡물, 원예작물(과수 제외) 재배, 식용 죽순 재배 토지
　└ 죽림지 - 임야

② **답**: 물 상시 ○, 벼, 연, 미나리, 왕골 재배
　└ 연, 왕골 자생 - 유지

③ **과수원**: 과수류 집단 재배, 부속시설물(저장고) 부지. 단, 주거용 건축물 부지는 대(垈)

④ **목장용지**: (축산업·낙농업)초지, 「축산법」상 축사 부지. 부속시설물. 단, 주거용 건축물 부지는 대(垈)

⑤ **임야**: 산림 및 원야를 이루는 수림지, 죽림지, 암석지, 자갈땅, 모래땅, 습지, 황무지

⑥ **광천지**: 온수·약수·석유류 **용출구**와 그 부지(온수·약수·석유류 등을 일정한 장소로 운송하는 송수관·송유관 및 저장시설의 부지는 제외한다)

⑦ **염전**: 천일제염방식 제염장, 부속시설물. 단, 동력에 의한 소금공장 ×

⑧ **대**: 주거, 사무실, 점포, 문화시설(박물관, 극장, 미술관 등)인 영구건축물과 접속된 정원, 부속시설물 부지, 택지조성공사 준공된 토지

⑨ **공장용지**: 제조업 공장시설물 부지, 공장부지 조성공사 준공된 토지, 의료시설 등 부속시설물 부지

⑩ **학교용지**: 학교의 교사, 접속된 체육장 등 부속시설물의 부지

⑪ **주차장**: 주차에 필요한 독립적인 시설을 갖춘 부지, 주차전용 건축물, 부속시설물의 부지(단, 「주차장법」에 의한 **노상주차장** 및 **부설주차장**(「주차장법」 제19조 제4항의 인근 부설주차장 제외), 판매목적으로 설치된 **물류장 및 야외전시장 제외**)

⑫ **주유소용지**: 석유, 석유제품, 액화석유가스, 전기 또는 수소 등의 판매설비 갖춘 부지, 저유소, 원유저장소 부지, 부속시설물 부지(다만, 자동차·선박·기차 등의 제작 또는 정비공장 안에 설치된 급유·송유시설 등의 부지를 제외)

⑬ **창고용지**: 물건 등을 보관 또는 저장하기 위하여 **독립적**으로 설치된 보관시설물의 부지와 이에 접속된 부속시설물의 부지

⑭ **도로**: 일반공중의 **교통운수**를 위하여 보행 또는 차량운행에 필요한 일정한 설비 또는 형태를 갖추어 이용되는 토지, 「도로법」 등 관계 법령에 의하여 도로로 개설된 토지, 고속도로 안의 휴게소 부지, 2필지 이상에 진입하는 통로로 이용되는 토지. 다만, 아파트·공장 등 단일 용도의 일정한 단지 안에 설치된 통로 등을 제외한다.

⑮ **철도용지**: 교통운수를 위하여 일정한 궤도 등의 설비와 형태를 갖추어 이용되는 토지와 이에 접속된 역사·차고·발전시설 및 공작창 등 부속시설물의 부지

⑯ **제방**: 방조제·방수제·방사제·방파제 등의 부지

⑰ **하천**: 자연의 유수(流水)가 있거나 있을 것으로 예상되는 토지

⑱ **구거**: 인공적인 수로·둑 및 그 부속시설물의 부지와 자연의 유수(流水)가 있거나 있을 것으로 예상되는 소규모 수로부지

⑲ **유지**: 상시적으로 물을 저장하고 있는 댐·저수지·소류지·호수·연못 등의 토지, 연·왕골 등이 자생하는 배수가 잘되지 아니하는 토지

⑳ **양어장**: 육상에 인공으로 조성된 수산생물의 번식 또는 양식을 위한 시설, 부속시설물 부지

㉑ **수도용지**: 물을 정수하여 공급하기 위한 취수·저수·도수(導水)·정수·송수 및 배수시설의 부지

㉒ **공원**: 「국토의 계획 및 이용에 관한 법률」에 따라 공원 또는 녹지로 결정·고시된 토지. 단, 「도시공원 및 녹지 등에 관한 법률」상 묘지공원은 묘지, 「자연공원법」상 공원은 임야

㉓ **체육용지**: 종합운동장·실내체육관·야구장·골프장·스키장·승마장·경륜장. 다만, 영속성이 미흡한 정구장·골프연습장·실내수영장 및 체육도장, 요트장 및 카누장 등의 토지를 제외

㉔ **유원지**: 위락휴양시설을 종합적으로 갖춘 수영장·유선장·낚시터·어린이놀이터·동물원·식물원·민속촌·경마장, 야영장 등. 단, 거리상 독립적인 숙식시설 부지, 하천·구거·유지 등은 제외

㉕ **종교용지**: 교회·사찰·향교 등 건축물의 부지와 이에 접속된 부속시설물의 부지

㉖ **사적지**: 국가유산으로 지정된 역사적인 유적·고적·기념물 등을 보존하기 위하여 구획된 토지. 다만, 학교용지·공원·종교용지 등 다른 지목으로 된 토지 안에 있는 유적·고적·기념물 등을 보호하기 위하여 구획된 토지를 제외

㉗ **묘지**: 사람의 시체나 유골이 매장된 토지, 「도시공원 및 녹지 등에 관한 법률」에 의한 묘지공원, 봉안시설과 이에 접속된 부속시설물의 부지(단, 묘지의 관리를 위한 건축물의 부지는 '대')

㉘ **잡종지** : 다음의 토지. 다만, 원상회복을 조건으로 돌을 캐내는 곳 또는 흙을 파내는 곳으로 허가된 토지는 제외한다.

㉠ 갈대밭, 실외에 물건을 쌓아두는 곳, 돌을 캐내는 곳, 흙을 파내는 곳, 야외시장 및 공동우물

㉡ 변전소, 송신소, 수신소 및 송유시설 등의 부지

㉢ 여객자동차터미널, 자동차운전학원 및 폐차장 등 자동차와 관련된 독립적인 시설물을 갖춘 부지

㉣ 공항시설 및 항만시설 부지

㉤ 도축장, 쓰레기처리장 및 오물처리장 등의 부지

㉥ 그 밖에 다른 지목에 속하지 않는 토지

기출 ✎ 공간정보의 구축 및 관리 등에 관한 법령상 물이 고이거나 상시적으로 물을 저장하고 있는 저수지·호수 등의 토지와 연·왕골 등이 자생하는 배수가 잘 되지 아니하는 토지의 지목 구분은? 제30회
① 유지(溜池)
② 양어장
③ 구거
④ 답
⑤ 유원지
▶정답 ①

제3절 **경계** 제26회, 제27회, 제28회, 제29회, 제30회, 제32회, 제34회, 제35회

(1) 의의

'경계'란 필지별로 경계점 간을 직선으로 연결하여 지적공부에 등록한 선을 말한다.

(2) 지상경계의 설정

① 토지의 지상경계는 둑, 담장, 그 밖에 구획의 목표가 될 만한 구조물 및 경계점표지 등으로 표시한다.

② **지상경계 설정기준** 제32회

㉠ 연접되는 토지 간에 높낮이 차이가 없는 경우: 그 구조물 등의 중앙	구조물 등의 소유자가 다른 경우 소유권에 따라 결정
㉡ 연접되는 토지 간에 높낮이 차이가 있는 경우: 그 구조물 등의 하단부	
㉢ 도로·구거 등의 토지에 절토(땅깎기)된 부분이 있는 경우: 그 경사면의 상단부	
㉣ 토지가 해면 또는 수면에 접하는 경우: 최대 만조위 또는 최대 만수위가 되는 선	
㉤ 공유수면매립지의 토지 중 제방 등을 토지에 편입하여 등록하는 경우: 바깥쪽 어깨부분	

기출 ✎
1. 도로·구거 등의 토지에 절토 (땅깎기)된 부분이 있는 경우는 바깥쪽 어깨부분을 지상경계의 결정기준으로 한다. (×) 제32회
2. 토지가 해면 또는 수면에 접하는 경우 평균해수면이 되는 선을 지상경계의 결정기준으로 한다. (×)

③ 분할에 따른 경계는 지상건물에 걸리거나 관통할 수 없다. 단, 다음의 예외에 주의한다.★

㉠ 법원의 확정판결

㉡ 도시개발사업 등의 사업시행자가 사업지구 경계를 결정하기 위하여 분할

㉢ 공공사업으로 인하여 '천제구철수도유학'의 지목으로 되는 토지를 분할

㉣ 「국토의 계획 및 이용에 관한 법률」에 의해 도시·군관리계획선에 따른 토지 분할

④ **도시개발사업 등의 경우 경계 결정**: 도시개발사업 등이 완료되어 실시하는 지적확정측량의 경계는 공사가 완료된 **현황**대로 결정하되, 공사가 완료된 현황이 사업계획도와 다를 때에는 미리 사업시행자에게 그 사실을 통지하여야 한다.

(3) 지상경계점등록부

① **작성·관리**: 지적소관청은 토지의 이동(異動)에 따라 지상경계를 새로 정한 경우에는 국토교통부령으로 정하는 바에 따라 지상경계점등록부를 작성·관리하여야 한다.

② **등록사항**: 지상경계점을 등록하려는 때에는 지상경계점등록부에 다음 사항을 등록하여야 한다.

> ㉠ 토지의 소재
>
> ㉡ 지번
>
> ㉢ 경계점좌표(경계점좌표등록부 시행지역에 한정한다)
>
> ㉣ 경계점위치설명도
>
> ㉤ 경계점의 사진파일
>
> ㉥ 공부상 지목과 실제 토지이용 지목
>
> ㉦ 경계점표지의 종류 및 경계점 위치

(1) 의의

'면적'이란 지적측량으로 지적공부(토지·임야대장)에 등록된 토지의 수평면 상의 넓이를 말한다(단위: m^2).

(2) 면적측정방법

① **전자면적측정기로 측정**: (전자)평판측량으로 지적(임야)도에 등록하는 지역에서 사용

② **좌표면적계산법으로 측정**: 경위의측량으로 경계점좌표등록부에 등록하는 지역에서 사용

(3) 면적측정의 대상

세부측량을 하는 경우 다음 중 하나에 해당하면 필지마다 면적을 측정하여야 한다.

면적측정의 대상 ○	면적측정의 대상 ×
① 지적공부의 복구, 신규등록, 등록전환, 분할, 축척변경	① 합병, 지목변경
② 면적 또는 경계 정정	② 지번변경
③ 도시개발사업 등	③ 단순 위치 정정
④ 경계복원측량 및 지적현황측량에서 면적측정 수반되는 경우	④ 경계복원측량 및 지적현황측량

(4) 면적결정 및 끝수 처리

구분	도면의 축척	등록면적단위 (최소면적)	끝수의 처리
지적도	• 경계점좌표등록부 비치지역 (주로 1/500) • 1/600	$0.1m^2$ (측정면적이 $0.1m^2$ 미만인 경우 $0.1m^2$로 등록)	0.05 미만 - 버림
			0.05일 때 • 앞자리수가 0, 짝수 - 버림 • 앞자리수가 홀수 - 올림
			0.05 초과 - 올림
임야도	1/1,000, 1/1,200, 1/2,400, 1/3,000, 1/6,000	$1m^2$ (측정면적이 $1m^2$ 미만인 경우 $1m^2$로 등록)	0.5 미만 - 버림
			0.5일 때 • 앞자리수가 0, 짝수 - 버림 • 앞자리수가 홀수 - 올림
	1/3,000, 1/6,000		0.5 초과 - 올림

> **:: 참고** | 경계점좌표등록부가 있는 지역의 토지분할을 위하여 면적을 정하는 기준
>
> 1. 분할 후 각 필지의 면적합계가 분할 전 면적보다 많은 경우에는 구하려는 끝자리의 다음 숫자가 작은 것부터 순차적으로 버려서 정하되, 분할 전 면적에 증감이 없도록 할 것
>
> 2. 분할 후 각 필지의 면적합계가 분할 전 면적보다 적은 경우에는 구하려는 끝자리의 다음 숫자가 큰 것부터 순차적으로 올려서 정하되, 분할 전 면적에 증감이 없도록 할 것

지적공부

제1절 지적공부의 종류와 등록사항

제27회, 제28회, 제29회, 제31회, 제32회, 제33회, 제34회, 제35회

지적공부의 종류

구분	지적공부의 종류	주요 등록사항
대장	토지대장	소지지면 고장축도 개변명사유
	임야대장	
	공유지연명부	소지고장 변명분
	대지권등록부	소지고장 변명분 건 전 율
도면	지적도	소지지경축 곽거치치제색
	임야도	
대장 형식 도면	경계점좌표등록부	소지고장 부좌도

고(고유번호) 장(장번호) 도(도면번호) 변(변동원인 · 일자) 명(명주번)
건(건물명칭) 전(전유부분건물표시) 율(대지권비율) 부(부호 및 부호도)
곽(도곽선과 그 수치) 거(경계점간 거리) 치치(건축물 위치, 기준점위치)
제(제명) 색(색인도) 제(지적도면의 제명) 축(축척)

핵심 빈출 등록사항!
1. 경계, 도곽선(수치), 색인도, 건축물의 위치, 삼각점의 위치
   ⇨ 도면
2. 좌표, 부호 및 부호도
   ⇨ 경계점좌표등록부
3. 대지권의 비율, 건물명칭, 전유부분 건물표시
   ⇨ 대지권등록부에만
4. 토지의 이동 사유, 개별공시지가
   ⇨ 토지 · 임야대장에만
5. 소유권의 지분
   ⇨ 대지권등록부, 공유지연명부
6. 지적도면의 번호는 공유지연명부와 대지권등록부에는 등록하지 않는다.

Tip 좌표에 의하여 계산된 경계점 간 거리는 도면(지적도 및 임야도)의 등록사항으로 규정되어 있다. 그러나 경계점좌표등록부를 갖춰 두는 지역으로 한정되므로 실질적으로는 지적도에만 등록되고, 임야도에는 등록되지 아니한다. 따라서 도면(지적도 및 임야도)의 등록사항이라 하면 옳은 지문이 되고, 임야도의 등록사항이라고 하면 틀린 지문이 된다.

핵심 수치지적의 특징

1. 도시개발사업 등 시행지역
2. 지적확정측량
3. 경계점좌표등록부 비치지역
4. 경위의측량
5. 좌표면적계산법
6. 해당 지역의 최소 면적 단위 0.1m²
7. 해당 지역의 지적도의 축척 1/500
8. 해당 지역의 지적도에는 좌표로 계산한 경계점 간의 거리를 등록
9. 해당 지역의 지적도 우측 하단에 '이 도면으로 측량할 수 없음'이라 기재
10. 지적도에는 해당 도면의 제명 끝에 '(좌표)'라고 표시해야 함

보충 주요 등록사항 암기 요령

1. 소재와 지번 : 모든 지적공부에 등록

2. 고유번호 : 도면을 제외한 모든 지적공부에 등록

> 고유번호
> ① 전국의 토지를 대상으로 필지별로 고유하게 부여한 19자리의 숫자
> ② 각각의 토지에 관한 위치(행정구역과 지번), 소속 지적공부(대장번호) 등을 표시(지목 ×)
> ③ 지적의 전산처리를 용이하게 함
> ④ 대장번호가   1 : 토지대장에 등록된 토지임
> (11번째 숫자) 2 : 임야대장에 등록된 토지임

3. 지목
   ① 토지(임야)대장 : 정식명칭(예 주유소용지)으로 등록
   ② 도면(지적도, 임야도) : 약식명칭(예 주)으로 등록
   ③ 기타 장부에는 등록 안 됨

4. 면적 : 토지(임야)대장에만 등록(단, 도면과 경계점좌표등록부에는 등록 안 됨)

5. 경계 : 지적공부 중 도면에만 등록
   좌표(부호 및 부호도) : 지적공부 중 경계점좌표등록부에만 등록

6. 소유자의 명, 주, 번 : 대장[토지(임야)대장, 공유지연명부, 대지권등록부]에만 등록. 단, 도면과 경계점좌표등록부에는 등록 안 됨

7. 축척 : 토지(임야)대장과 도면(지적도, 임야도)에만 등록

8. 좌표에 의하여 계산된 경계점 간 거리 : 도면(경계점좌표등록부 비치지역만)에 등록

9. 도면번호 : 토지대장, 임야대장, 경계점좌표등록부

10. 장번호 : 토지대장, 임야대장, 공유지연명부, 대지권등록부, 경계점좌표등록부

지적공부의 보관 및 공개 제26회, 제27회, 제30회, 제31회, 제32회

(1) 지적공부의 비치, 보존, 반출

지적공부	지적소관청이 지적서고에 영구보존	예외적 반출 ① 천재지변이나 그 밖에 이에 준하는 사유 ② 시·도지사 또는 대도시 시장의 승인
정보처리시스템을 통한 기록·저장	시·도지사, 시장· 군수 또는 구청장이 지적전산정보시스템 에 영구보존	멸실·훼손 대비 복제관리시스템 구축 ⇨ 국토교통부장관

(2) 지적전산정보자료(연속지적도 포함)의 이용

① **이용신청**

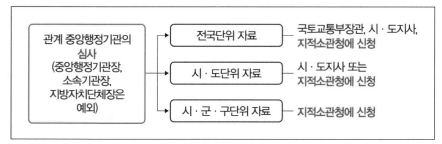

  ☐ 국가·지방자치단체의 이용시 사용료 납부가 면제된다.

② **예외**: 다음의 어느 하나에 해당하는 경우에는 관계 중앙행정기관의 심사를 받지 아니할 수 있다.

> ㉠ 토지소유자가 자기 토지에 대한 지적전산자료를 신청하는 경우
> ㉡ 토지소유자가 사망하여 그 상속인이 피상속인의 토지에 대한 지적전산자료를 신청하는 경우
> ㉢ 「개인정보 보호법」 제2조 제1호에 따른 개인정보를 제외한 지적전산자료를 신청하는 경우

기출 ✏
1. 지적서고는 지적사무를 처리하는 사무실과 연접(連接)하여 설치하여야 한다. (○) 제32회
2. 지적소관청은 천재지변이나 그 밖에 이에 준하는 재난을 피하기 위하여 필요한 경우에는 지적공부를 해당 청사 밖으로 반출할 수 있다. (○) 제32회
3. 지적공부를 정보처리시스템을 통하여 기록·저장한 경우 관할 시·도지사, 시장·군수 또는 구청장은 그 지적공부를 지적정보관리체계에 영구히 보존하여야 한다. (○) 제32회
4. 카드 된 토지대장·임야대장 등은 200장 단위로 바인더(binder)에 넣어 보관하여야 한다. (×) 제32회
  ⇨ 100장 단위로 보관하여야 한다.

∷참고 | 지적전산자료의 이용 또는 활용목적 등에 관한 심사는 지적소관청이 아닌 관계 중앙행정기관(의장)의 심사를 받아야 한다.

기출 ✏ 토지소유자가 자기 토지에 대한 지적전산자료를 신청하거나, 토지소유자가 사망하여 그 상속인이 피상속인의 토지에 대한 지적전산자료를 신청하는 경우에는 심사를 받지 아니할 수 있다. (○)

(3) 지적정보전담관리기구

> **법 제70조【지적정보전담관리기구의 설치】** ① 국토교통부장관은 지적공부의 효율적인 관리 및 활용을 위하여 지적정보전담관리기구를 설치·운영한다.
> ② 국토교통부장관은 지적공부를 과세나 부동산정책자료 등으로 활용하기 위하여 주민등록전산자료, 가족관계등록전산자료, 부동산등기전산자료 또는 공시지가전산자료 등을 관리하는 기관에 그 자료를 요청할 수 있으며 요청을 받은 관리기관의 장은 특별한 사정이 없으면 그 요청에 따라야 한다.

(4) 지적공부의 열람·등본발급(지적공개주의)

해당 지적소관청에 지적공부의 열람 또는 등본의 발급을 신청(열람 등본교부 신청서를 지적소관청에 제출). 다만, 정보처리된 지적공부(지적도 및 임야도 제외)는 특별자치시장, 시장·군수 또는 구청장이나 읍·면·동의 장에게 신청 가능하다(시·도지사에 신청 ×).

|기출| 정보처리시스템을 통하여 기록·저장된 지적공부(지적도 및 임야도는 제외한다)를 열람하거나 그 등본을 발급받으려는 경우에는 시·도지사, 시장·군수 또는 구청장이나 읍·면·동의 장에게 신청할 수 있다. (×)

제**3**절 **지적공부의 복구** 제26회, 제28회, 제31회, 제33회, 제35회

(1) 지적소관청(정보처리시스템을 통해 기록·저장된 지적공부의 경우에는 시·도지사, 시장·군수 또는 구청장)은 지적공부의 전부 또는 일부가 멸실되거나 훼손된 경우에는 대통령령으로 정하는 바에 따라 지체 없이 이를 복구하여야 한다.

(2) **복구자료**(가장 적합하다고 인정되는 관계 자료)

① **토지의 표시에 관한 사항**

> ㉠ 지적소관청이 작성·발행한 지적공부 증명내용
> ㉡ 법원의 확정판결 정본 또는 사본
> ㉢ 토지이동정리결의서
> ㉣ 등기부
> ㉤ 측량결과도
> ㉥ 지적공부등본
> ㉦ 정보처리시스템에 따라 복제된 지적공부

② **소유자에 관한 사항**: 부동산등기부나 법원의 확정판결에 따라 복구하여야 한다.

|기출| 토지이동정리결의서는 지적공부의 복구에 관한 관계 자료에 해당한다. (○)

♀ Tip **복구자료 해당 여부**
• 개별공시지가 자료 (×)
• 측량신청서 (×)
• 지적측량의뢰서 (×)
• 측량준비도 (×)
• 측량결과도 (○)
• 지적측량수행계획서 (×)
• 토지이용계획확인서 (×)
• 토지이동정리결의서 (○)
• 부동산종합증명서 (○)
  ⇨ 소관청이 작성·발행한 증명 내용

(3) 복구절차

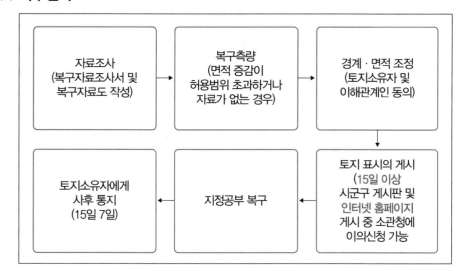

제**4**절 **부동산종합공부** 제25회, 제27회, 제32회, 제33회

(1) 관리 및 운영

① 지적소관청은 부동산의 효율적 이용과 부동산과 관련된 정보의 종합적 관리·운영을 위하여 부동산종합공부를 관리·운영한다.

② 지적소관청은 부동산종합공부를 영구히 보존하여야 하며, 부동산종합공부의 멸실 또는 훼손에 대비하여 이를 별도로 복제하여 관리하는 정보관리체계를 구축하여야 한다.

(2) 등록사항

① **토지의 표시와 소유자에 관한 사항**: 「공간정보의 구축 및 관리 등에 관한 법률」에 따른 지적공부의 내용

② **건축물의 표시와 소유자에 관한 사항**: 「건축법」 제38조에 따른 건축물 대장의 내용

③ **토지의 이용 및 규제에 관한 사항**: 「토지이용규제 기본법」 제10조에 따른 토지이용계획확인서의 내용

④ **부동산의 가격에 관한 사항**: 「부동산 가격공시에 관한 법률」 제10조에 따른 개별공시지가, 같은 법 제16조, 제17조 및 제18조에 따른 개별주택가격 및 공동주택가격 공시내용

⑤ 그 밖에 부동산의 효율적 이용과 부동산과 관련된 정보의 종합적 관리·운영을 위하여 필요한 사항으로서 대통령령으로 정하는 사항(「부동산등기법」제48조에 따른 부동산의 권리에 관한 사항)

(3) 열람 및 증명서 발급

부동산종합공부를 열람하거나 부동산종합공부 기록사항의 전부 또는 일부에 관한 증명서를 발급받으려는 자는 지적소관청이나 읍·면·동의 장에게 신청할 수 있다.

(4) 등록사항 정정

① 지적소관청은 부동산종합공부의 등록사항 정정을 위하여 위 (2)의 등록사항 상호간에 일치하지 아니하는 사항을 확인 및 관리하여야 한다.

② 지적소관청은 부동산종합공부의 정확한 등록 및 관리를 위하여 필요한 경우에는 부동산종합공부의 등록사항을 관리하는 기관의 장에게 관련 자료의 제출을 요구할 수 있다.

③ 지적소관청은 위 ①에 따른 불일치 등록사항에 대해서는 위 (2)의 등록사항을 관리하는 기관의 장에게 그 내용을 통지하여 등록사항 정정을 요청할 수 있다.

④ 부동산종합공부의 등록사항 정정에 관하여는 법 제84조(등록사항의 정정)를 준용한다. ⇨ 토지소유자는 부동산종합공부의 토지의 표시에 관한 사항(지적공부의 내용)의 등록사항에 잘못이 있음을 발견하면 지적소관청에게 그 정정을 신청할 수 있다.

기출 ∥ 부동산종합공부를 열람하려는 자는 지적소관청이나 읍·면·동의 장에게 신청할 수 있으며, 부동산종합공부 기록사항의 전부 또는 일부에 관한 증명서를 발급받으려는 자는 시·도지사에게 신청하여야 한다. (×) 제32회

■■ 참고 | '지적공부' 등록사항의 정정 (법 제84조)
1. 소유자가 오류 발견 : 지적소관청에 정정 신청
2. 지적소관청이 오류 발견 : 소유자에게 통지하거나 직권정정 사유에 해당되는 경우 직권정정

기출 ∥
1. 토지소유자는 부동산종합공부의 토지의 표시에 관한 사항(「공간정보의 구축 및 관리 등에 관한 법률」에 따른 지적공부의 내용)의 등록사항에 잘못이 있음을 발견하면 지적소관청이나 읍·면·동의 장에게 그 정정을 신청할 수 있다. (×)
2. 지적소관청은 부동산종합공부의 등록사항 중 등록사항 상호간에 일치하지 아니하는 사항에 대해서는 등록사항을 관리하는 기관의 장에게 그 내용을 통지하여 등록사항 정정을 요청할 수 있다. (○)
3. 지적소관청은 부동산종합공부의 불일치 등록사항에 대하여는 등록사항을 정정하고, 등록사항을 관리하는 기관의 장에게 그 내용을 통지하여야 한다. (×)
⇨ 통지 후 정정 (○)
정정 후 통지 (×)

Chapter 04

토지이동의 신청 및 지적정리

제1절 토지의 이동 제27회, 제30회, 제31회, 제35회

(1) 토지이동의 의의와 종류

① '토지이동'이란 토지의 표시를 새로이 정하거나 변경하거나 말소하는 것을 말한다.

② **토지이동의 종류**

구분	측량	신청의무	촉탁
신규등록	○	60일 이내	×
등록전환	○	60일 이내	○
분할	○	원칙: 분할의무 ×	○
		일부형질변경시 60일 내 의무(+ 지목변경신청서)	○
합병	×	원칙: 합병의무 ×	○
		㉠ 공동주택부지, ㉡ 공공사업 60일 이내 의무	○
지목변경	×	60일 이내	○
축척변경	○	―	○
해면성 말소	○	통지받은 날로부터 90일 이내	○

⊡ 거짓으로 신청한 자는 1년 이하의 징역 또는 1천만원 이하의 벌금에 처한다.

(2) 신규등록

① 새로이 조성된 토지 및 등록누락 토지를 지적공부에 새로 등록하는 것(사유 발생일로부터 60일 이내에 지적소관청에 신청하여야 한다)

② 신규등록 측량 ○, 등기촉탁 ×

③ 신규등록시 소유자는 지적소관청이 직권으로 조사하여 등록 ⇨ 당사자의 보존등기 신청

기출 지적에 관한 법령상 지적소관청은 토지의 이동 등으로 토지의 표시변경에 관한 등기를 할 필요가 있는 경우에는 지체 없이 관할 등기관서에 그 등기를 촉탁하여야 한다. 등기촉탁 대상이 <u>아닌</u> 것은? 제23회, 제35회
① 신규등록
② 합병
③ 지목변경
④ 등록전환
⑤ 분할
▶정답 ①

∷참고
1. 지목변경은 지적측량을 실시하지 아니한다.
2. 회복등록은 소유자가 신청하지 않고, 지적소관청이 할 수 있다 (발생한 날부터 90일 신청 ×).
3. 바다로 된 토지의 등록말소신청은 토지소유자가 통지를 '받은 날'부터 90일 이내에 신청하여야 한다.

🔍 **Tip** 신규등록 신청시 첨부서면이 아닌 것

1. 부동산등기사항증명서, 등기완료통지서, 등기필정보 등 (×)
2. 지형도면에 고시된 도시관리계획도 사본 (×)

④ **첨부서면**

> ㉠ 법원의 확정판결서 정본 또는 사본
> ㉡ 「공유수면매립 및 관리에 관한 법률」에 의한 준공검사확인증 사본
> ㉢ 도시계획구역 안의 토지를 그 지방자치단체의 명의로 등록하는 때에는 기획재정부장관과 협의한 문서의 사본
> ㉣ 그 밖에 소유권을 증명할 수 있는 서류의 사본

단, 해당 서류를 그 지적소관청이 관리하는 경우에는 지적소관청의 확인으로써 그 서류의 제출에 갈음할 수 있다.

(3) 등록전환

① 임야대장 및 임야도에 등록한 토지를 토지대장 및 지적도로 옮겨 등록(사유발생일로부터 60일 이내에 지적소관청에 신청하여야 한다)

② 등록전환측량 ○, 등기촉탁 ○

③ **등록전환을 신청할 수 있는 경우**

> ㉠ 「산지관리법」에 따른 산지전용허가·신고, 산지일시사용허가·신고, 「건축법」에 따른 건축허가·신고 또는 그 밖의 관계 법령에 따른 개발행위허가 등을 받은 경우
> ㉡ 대부분의 토지가 등록전환되어 나머지 토지를 임야도에 계속 존치하는 것이 불합리한 경우
> ㉢ 임야도에 등록된 토지가 사실상 형질변경되었으나 지목변경을 할 수 없는 경우
> ㉣ 도시·군관리계획선에 따라 토지를 분할하는 경우

④ **면적**: 등록전환시 임야대장의 면적과 등록전환될 면적의 차이가 일정한 오차의 허용범위 이내인 경우에는 등록전환될 면적을 등록전환면적으로 결정하고, 허용범위를 초과하는 경우에는 임야대장의 면적 또는 임야도의 경계를 지적소관청이 직권으로 정정하여야 한다.

(4) 분할

① 1필지를 2필지 이상으로 나누어 등록하는 것(분할측량 ○)

② 분할을 신청할 수 있는 경우는 다음과 같다. 다만, 관계 법령에 따라 해당 토지에 대한 분할이 개발행위허가 등의 대상인 경우에는 개발행위허가 등을 받은 이후에 분할을 신청할 수 있다.

🔍 **Tip** 신고나 허가 등을 받은 경우라면 지목변경과 무관하게 등록전환을 허용하는 취지로 2020년 개정되었다.

참고 | 분할 후 면적 결정

1. 분할 전후 면적의 차이가 허용범위 이내: 오차를 각 필지 면적에 따라 나눔
2. 분할 전후 면적의 차이가 허용범위 초과: 지적공부상 면적 또는 경계를 정정(영 제19조 참조)

> ㉠ 소유권이전, 매매 등을 위하여 필요한 경우
>
> ㉡ 토지이용상 불합리한 지상경계를 시정하기 위한 경우

③ 1필지의 일부가 형질변경 등으로 용도가 다르게 된 경우(분할의무 발생 60일)
　－ 이때 지목변경신청서 제출

(5) 합병

① 2필지 이상을 1필지로 합하여 등록하는 것(측량 ×)

② 합병의무 없음이 원칙(신청의무 ×)

③ **예외적으로 합병의무 있는 경우**(60일 이내 신청)

　㉠ 「주택법」에 의한 공동주택의 부지

　㉡ 공공사업(천제구철수도유학, 체육, 공, 장) 토지

④ 합병하고자 하는 각 필지의 지목은 같으나 일부 토지의 용도가 다르게 되어 법 제79조 제2항의 규정에 의한 분할대상 토지(1필지 일부형질변경)인 경우는 합병이 제한된다. 다만, 합병신청과 동시에 토지의 용도에 따라 분할신청을 하는 경우에는 그러하지 아니하다.

⑤ **합병의 제한**

> **법 제80조 【합병 신청】** ③ 다음 각 호의 어느 하나에 해당하는 경우에는 합병신청을 할 수 없다.
> 1. 합병하려는 토지의 지번부여지역, 지목 또는 소유자가 서로 다른 경우
> 2. 합병하려는 토지에 다음 각 목의 등기 외의 등기가 있는 경우
>   가. 소유권·지상권·전세권 또는 임차권의 등기
>   나. 승역지(承役地)에 대한 지역권의 등기
>   다. 합병하려는 토지 전부에 대한 등기원인(登記原因) 및 그 연월일과 접수번호가 같은 저당권의 등기
>   라. 합병하려는 토지 전부에 대한 「부동산등기법」 제81조 제1항 각 호의 등기사항이 동일한 신탁등기
> 3. 그 밖에 합병하려는 토지의 지적도 및 임야도의 축척이 서로 다른 경우 등 대통령령으로 정하는 경우

∷참고 | 경계점좌표등록부가 있는 지역의 토지분할을 위하여 면적을 정하는 기준

1. 분할 후 각 필지의 면적합계가 분할 전 면적보다 많은 경우에는 구하려는 끝자리의 다음 숫자가 작은 것부터 순차적으로 버려서 정하되, 분할 전 면적에 증감이 없도록 할 것
2. 분할 후 각 필지의 면적합계가 분할 전 면적보다 적은 경우에는 구하려는 끝자리의 다음 숫자가 큰 것부터 순차적으로 올려서 정하되, 분할 전 면적에 증감이 없도록 할 것

| 기출 |

1. 토지소유자는 도로, 제방, 하천, 구거, 유지의 토지로서 합병하여야 할 토지가 있으면 그 사유가 발생한 날부터 90일 이내에 지적소관청에 합병을 신청하여야 한다. (×)
2. 합병에 따른 면적은 따로 지적측량을 하지 않고 합병 전 각 필지의 면적을 합산하여 합병 후 필지의 면적으로 결정한다. (○)

∷참고 | 공공사업

1. 합병의무가 있는 경우 (＋ 체 공장)
2. 대위신청(공주국채)
3. 지상건축물에 걸리게 경계 (판사공관)

실화 합병하려는 토지소유자의 주소 확인(영 제66조 제3항)

합병하려는 토지소유자의 주소가 서로 다른 경우 합병신청을 할 수 없다. 다만, 합병신청을 접수받은 지적소관청이 「전자정부법」 제36조 제1항에 따른 행정정보의 공동이용을 통하여 다음의 사항을 확인(신청인이 주민등록표 초본 확인에 동의하지 않는 경우에는 해당 자료를 첨부하도록 하여 확인)한 결과 토지소유자가 동일인임을 확인할 수 있는 경우는 제외한다.

1. 토지등기사항증명서
2. 법인등기사항증명서(신청인이 법인인 경우만 해당한다)
3. 주민등록표 초본(신청인이 개인인 경우만 해당한다)

참고 | 서류첨부의 생략
개발행위허가 · 농지전용허가 · 보전산지전용허가 등 지목변경과 관련된 규제를 받지 아니하는 토지의 지목변경이나 전 · 답 · 과수원 상호간의 지목변경인 경우에는 서류의 첨부를 생략할 수 있다.

(6) 지목변경

① 지적공부에 등록된 지목을 다른 지목으로 바꾸어 등록함(측량 ×)
(사유발생일로부터 60일 이내에 지적소관청에 신청하여야 한다)

② **지목변경 대상**
  ㉠ 「국토의 계획 및 이용에 관한 법률」 등 관계 법령에 의한 토지의 형질변경 등의 공사가 준공된 경우
  ㉡ 토지 또는 **건축물의 용도가 변경**된 경우
  ㉢ 도시개발사업 등의 원활한 사업추진을 위하여 사업시행자가 준공 전 토지 합병을 신청하는 경우 용도가 변경되는 토지

(7) 바다로 된 토지의 등록말소 및 회복

기출
1. 지적소관청은 지적공부에 등록된 토지가 지형의 변화 등으로 바다로 된 경우로서 원상으로 회복될 수 없는 경우에는 지적공부에 등록된 토지소유자에게 지적공부의 등록말소 신청을 하도록 통지하여야 한다. (○)
2. 지적소관청으로부터 지적공부의 등록말소 신청을 하도록 통지를 받은 토지소유자가 통지를 받은 날부터 60일 이내에 등록말소 신청을 하지 아니하면, 지적소관청은 직권으로 그 지적공부의 등록사항을 말소하여야 한다. (×)

① 지적공부에 등록된 토지가 바다로 된 경우로서 원상회복 가능성이 없거나 다른 지목의 토지로 될 가능성이 없는 때 등록을 말소
  ◻ 토지가 하천부지로 된 경우라면 등록말소×

② **절차**

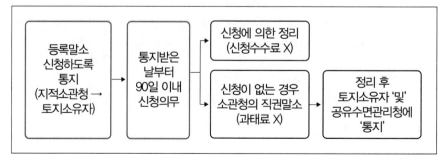

③ **측량**

　　㉠ **일부멸실**: 측량 ○(직권으로 정리한 경우에도 측량수수료 징수 ×)

　　㉡ **전부멸실**: 측량 ×

④ **말소된 토지의 회복**: 지형변화 등으로 다시 토지로 된 경우 **지적소관청은** 회복등록할 수 있다(토지소유자가 90일 이내 회복신청 ×).

　　▢ 지적소관청이 직권으로 지적공부의 등록사항을 말소한 후 지형의 변화 등으로 다시 토지가 된 경우에 토지로 회복등록을 하려면 그 지적측량성과 및 등록말소 당시의 지적공부 등 관계 자료에 따라야 한다.

⑤ 지적소관청이 직권으로 지적공부의 등록사항을 말소 또는 회복등록한 때에는 그 정리 결과를 토지소유자 및 해당 공유수면의 관리청에 통지하여야 한다.

∷참고 ┃ 토지이동 신청 수수료(규칙 별표 12)
1. 1필지당 1,400원 또는 1,000원 (합병과 지목변경 1,000원)
2. 분할의 경우 분할 후 필지 수에 따라 부과
3. 합병의 경우 합병 전 필지 수에 따라 부과
4. 등록사항 정정신청과 말소신청의 경우 수수료 없음

제2절 ┃ 기타의 토지이동

(1) 등록사항 정정 제27회, 제30회, 제31회,제35회

① 토지소유자는 지적공부의 등록사항에 잘못이 있음을 발견한 때에는 지적소관청에 그 정정을 신청할 수 있다(경계 또는 면적의 변경을 가져오는 경우라면 정정측량성과도 첨부).

> **∷참고 ┃** 단, 이때 정정신청으로 인하여 인접 토지의 경계가 변경되는 경우 그 정정은 인접 토지소유자의 승낙서 또는 이에 대항할 수 있는 확정판결서 정본에 의하여야 한다(직권정정 못함).

② 지적소관청은 지적공부의 등록사항에 잘못이 있음을 발견한 때에는 **대통령령이 정하는 바에 의하여 직권으로 조사·측량하여 정정할 수 있다.**

③ **직권에 의한 등록사항 정정**(영 제82조 제1항·제2항)★
지적소관청이 토지의 표시가 잘못되었음을 발견하였을 때에는 일정한 사유의 경우 지적소관청은 지체 없이 관계서류에 의하여 지적공부의 등록사항을 정정하여야 한다.

규칙 제94조【등록사항 정정 대상토지의 관리 등】 ① 지적소관청은 토지의 표시가 잘못되었음을 발견하였을 때에는 지체 없이 등록사항 정정에 필요한 서류와 등록사항 정정 측량성과도를 작성하고, 영 제84조 제2항에 따라 토지이동정리결의서를 작성한 후 대장의 사유란에 '등록사항 정정 대상토지'라고 적고, 토지소유자에게 등록사항 정정신청을 할 수 있도록 그 사유를 통지하여야 한다. 다만, 영 제82조 제1항에 따라 지적소관청이 직권으로 정정할 수 있는 경우에는 토지소유자에게 통지를 하지 아니할 수 있다.
② 제1항에 따른 등록사항 정정 대상토지에 대한 대장을 열람하게 하거나 등본을 발급하는 때에는 '등록사항 정정 대상토지'라고 적은 부분을 흑백의 반전(反轉)으로 표시하거나 붉은색으로 적어야 한다.

:: 참고| 정정사항이 토지소유자에 관한 사항인 경우에는 등기필증, 등기완료통지서, 등기사항증명서 또는 등기관서에서 제공한 등기전산정보자료에 의하여야 한다(신청정정 ○, 직권정정 ○). 단, 미등기토지의 경우로서 신청한 정정사항이 토지소유자의 성명 또는 명칭, 주민등록번호, 주소 등에 관한 사항으로서 명백히 잘못 기재된 경우에는 가족관계기록사항에 관한 증명서에 의한다(직권정정 ×, 신청정정만 ○).

핵심 직권정정 사유

1. 토지이동정리결의서의 내용과 다르게 정리된 경우
2. 지적도 및 임야도에 등록된 필지가 면적의 증감 없이 경계의 위치만 잘못된 경우
3. 1필지가 각각 다른 지적도 또는 임야도에 등록되어 있는 경우로서 지적공부에 등록된 면적과 측량한 실제 면적은 일치하지만 지적도 또는 임야도에 등록된 경계가 서로 접합되지 아니하여 지적도 또는 임야도에 등록된 경계를 지상의 경계에 맞추어 정정하여야 하는 토지가 발견된 경우
4. 지적공부의 작성 또는 재작성 당시 잘못 정리된 경우
5. 지적측량성과와 다르게 정리된 경우
6. 지적 측량적부 심사 또는 재심사에 대한 지적위원회의 의결에 의하여 지적공부의 등록사항을 정정하여야 하는 경우
7. 지적공부의 등록사항이 잘못 입력된 경우
8. 「부동산등기법」 제90조의3 제2항의 규정에 의한 통지(합필제한요건에 해당하는 등기가 있는 경우 합필등기 각하시 등기관은 지적공부소관청에 통지함)가 있는 경우(지적소관청의 착오로 잘못 합병한 경우만 해당한다)

9. 면적환산이 잘못된 경우
10. 등록전환시 임야대장의 면적과 등록전환될 면적의 차이가 일정한 오차의 허용범위 이내인 경우에는 등록전환될 면적을 등록전환면적으로 결정하고, 허용범위를 초과하는 경우에는 임야대장의 면적 또는 임야도의 경계를 지적소관청이 직권으로 정정하여야 한다(「공간정보의 구축 및 관리 등에 관한 법률 시행령」 제19조 제1항 제1호 나목).

(2) **축척변경** 제27회, 제28회, 제29회, 제30회, 제31회, 제32회, 제33회, 제34회, 제35회

① **의의** : '축척변경'이란 지적도에 등록된 경계점의 정밀도를 높이기 위하여 작은 축척을 큰 축척으로 변경하여 등록하는 것을 말한다(법 제2조 제34호).

② **축척변경의 절차**

　㉠ 축척변경의 개시

　　ⓐ 소유자의 신청 : 축척변경을 신청하는 토지소유자는 축척변경사유를 적은 신청서에 토지소유자 3분의 2 이상의 동의서를 첨부해서 지적소관청에 제출하여야 한다(영 제69조, 규칙 제85조).

　　ⓑ 지적소관청의 직권 : 지적소관청은 토지소유자의 신청이 없는 경우에도 축척변경사유에 해당하는 경우에는 직권으로 축척변경을 할 수 있다(법 제83조 제2항).

　㉡ 토지소유자의 동의 및 축척변경위원회의 의결 : 지적소관청은 토지소유자의 신청 또는 직권으로 축척변경을 하려면 축척변경 시행지역의 토지소유자 3분의 2 이상의 동의를 받아 축척변경위원회의 의결을 거쳐야 한다(법 제83조 제3항).

　㉢ 시·도지사 또는 대도시 시장의 승인

　　ⓐ 지적소관청은 축척변경위원회 의결을 거친 후 시·도지사 또는 대도시 시장의 승인을 받아야 한다(법 제83조 제3항).

　　ⓑ 제출서류 : 지적소관청은 축척변경을 할 때에는 축척변경사유를 적은 승인신청서에 다음의 서류를 첨부하여 시·도지사 또는 대도시 시장에게 제출하여야 한다(영 제70조 제1항).

　　　- 축척변경사유
　　　- 지번 등 명세
　　　- 토지소유자의 동의서
　　　- 축척변경위원회의 의결서 사본

💡 Tip
1. 축척변경 신청
   토지소유자 ⇨ 지적소관청(2/3 동의서)
2. 축척변경 승인신청
   지적소관청 ⇨ 시·도지사(2/3 동의서 + 의결서)

─ 그 밖에 축척변경승인을 위하여 시·도지사 또는 대도시 시장이 필요하다고 인정하는 서류

> **≡≡참고│** 의결 및 승인 없이 축척변경할 수 있는 경우
>
> 1. 다음에 해당하는 경우에는 축척변경위원회의 의결 및 시·도지사 또는 대도시 시장의 승인 없이 축척변경을 할 수 있다(법 제83조 제3항 단서).
>   ① 합병하려는 토지가 축척이 다른 지적도에 각각 등록되어 있어 축척변경을 하는 경우
>   ② 도시개발사업 등의 시행지역 안에 있는 토지로서 그 사업 시행에서 제외된 토지의 축척변경을 하는 경우
> 2. 축척변경위원회의 의결 및 시·도지사 또는 대도시 시장의 승인을 거치지 않고 축척변경을 하는 경우에는 각 필지별 지번·지목 및 경계는 종전의 지적공부에 따르고 면적만 새로 정하여야 한다(영 제72조 제3항).

㉣ 축척변경의 시행공고
  ⓐ 시행공고 : 지적소관청은 시·도지사 또는 대도시 시장으로부터 축척변경승인을 받았을 때에는 지체 없이 목적, 시행지역 및 시행기간, 청산방법 등에 관한 사항을 20일 이상 공고하여야 한다(영 제71조 제1항).
    ⇨ 시행공고는 시·군·구 및 축척변경 시행지역 동·리의 게시판에 주민이 볼 수 있도록 게시하여야 한다(영 제71조 제2항).
  ⓑ 경계점표지 설치 : 축척변경 시행지역의 토지소유자 또는 점유자는 시행공고가 된 날부터 30일 이내에 시행공고일 현재 점유하고 있는 경계에 국토교통부령이 정하는 경계점표지를 설치하여야 한다(영 제71조 제3항).
㉤ 축척변경측량 및 토지의 표시사항 결정
  ⓐ 지적소관청은 축척변경 시행지역의 각 필지별 지번·지목·면적·경계 또는 좌표를 새로 정하여야 한다(영 제72조 제1항).
  ⓑ 지적소관청이 축척변경을 위한 측량을 할 때에는 토지소유자 또는 점유자가 설치한 경계점표지를 기준으로 새로운 축척에 따라 면적·경계 또는 좌표를 정하여야 한다(영 제72조 제2항).
㉥ 축척변경 지번별 조서의 작성 : 지적소관청은 축척변경에 관한 측량을 완료하였을 때에는 시행공고일 현재의 지적공부상의 면적과 측량 후의 면적을 비교하여 그 변동사항을 표시한 축척변경 지번별 조서를 작성하여야 한다(영 제73조).

Ⓐ 청산절차(면적증감의 처리)
　ⓐ 청산금의 산정
　　─ 지적소관청은 축척변경에 관한 측량을 한 결과 측량 전에 비하여 면적의 증감이 있는 경우에는 그 증감면적에 대하여 청산을 하여야 한다. 다만, 다음에 해당하는 경우에는 그러하지 아니하다(영 제75조 제1항).
　　　• 필지별 증감면적이 등록전환 및 분할에 따른 면적오차의 허용범위 및 배분 등(영 제19조 제1항 제2호 가목)의 규정에 따른 허용범위 이내인 경우. 다만, 축척변경위원회의 의결이 있는 때에는 제외한다.
　　　• 토지소유자 전원이 청산하지 아니하기로 합의하여 서면으로 제출한 경우

▪▪ 참고 | 청산금의 산정

$$\boxed{\begin{array}{c}\text{필지별}\\\text{증감면적}\end{array}} \times \boxed{\begin{array}{c}\text{지번별}\\m^2\text{당 가격}\end{array}}$$

필지별 증감면적에 지번별 m²당 금액을 곱하여 청산금을 산정한다.

　　─ 면적증감에 대하여 청산을 하려는 때에는 축척변경위원회의 의결을 거쳐 지번별로 m²당 금액을 정하여야 한다. 이 경우 지적소관청은 시행공고일 현재를 기준으로 그 축척변경 시행지역의 토지에 대하여 지번별 m²당 금액을 미리 조사하여 축척변경위원회에 제출하여야 한다(영 제75조 제2항).
　　─ 청산금은 축척변경 지번별 조서의 필지별 증감면적에 지번별 m²당 금액을 곱하여 산정한다(영 제75조 제3항).
　ⓑ 청산금의 공고 및 열람 : 지적소관청은 청산금을 산정한 때에는 청산금 조서(축척변경 지번별 조서에 필지별 청산금 명세를 적은 것을 말한다)를 작성하고, 청산금이 결정되었다는 뜻을 시·군·구 및 축척변경 시행지역 동·리의 게시판에 15일 이상 공고하여 일반인이 열람할 수 있게 하여야 한다(영 제75조 제4항).
　ⓒ 청산금의 납부고지 및 수령통지 : 지적소관청은 청산금의 결정을 공고한 날부터 20일 이내에 토지소유자에게 청산금의 납부고지 또는 수령통지를 하여야 한다(영 제76조 제1항).
　ⓓ 청산금에 대한 이의신청
　　─ 청산금에 관하여 이의가 있는 자는 납부고지 또는 수령통지를 받은 날부터 1개월 이내에 지적소관청에 이의신청을 할 수 있다(영 제77조 제1항).
　　─ 지적소관청은 이의신청이 있는 경우 1개월 이내에 축척변경위원회의 심의·의결을 거쳐 그 인용 여부를 결정한 후 지체 없이 그 내용을 이의신청인에게 통지하여야 한다(영 제77조 제2항).

기출 ✎
1. 축척변경에 따른 청산금의 납부고지를 받은 자는 그 고지를 받은 날부터 3개월 이내에 청산금을 지적소관청에 내야 한다. (×)
2. 축척변경에 따른 청산금의 납부 및 지급이 완료되었을 때에는 지적소관청은 지체 없이 축척변경의 확정공고를 하고 확정된 사항을 지적공부에 등록하여야 한다. (○)
3. 축척변경에 따라 확정된 사항이 지적공부에 등록되었을 때는 지적소관청은 지체 없이 축척변경의 확정공고를 하여야 한다. (×)
4. 청산금의 납부 및 지급이 완료되었을 때에는 지적소관청은 지체 없이 축척변경의 확정공고를 하여야 한다. (○) 제33회

ⓔ 청산금의 납부 및 지급
- 납부고지를 받은 자는 그 고지를 받은 날부터 6개월 이내에 청산금을 지적소관청에 내야 하고, 지적소관청은 수령통지를 한 날부터 6개월 이내에 청산금을 지급하여야 한다(영 제76조 제2항·제3항).
- 지적소관청은 청산금을 지급받을 자가 행방불명 등으로 받을 수 없거나 받기를 거부할 때에는 그 청산금을 공탁할 수 있다(영 제76조 제4항).
- 지적소관청은 청산금을 내야 하는 자가 이의신청기간 내에 청산금에 관한 이의신청을 하지 아니하고 납부기간 내에 청산금을 내지 아니하면 「지방행정제재·부과금의 징수 등에 관한 법률」에 따라 징수할 수 있다(영 제76조 제5항).
ⓕ 청산금 차액의 처리 : 청산금을 산정한 결과 증가된 면적에 대한 청산금의 합계와 감소된 면적에 대한 청산금의 합계에 차액이 생긴 경우 초과액은 그 지방자치단체의 수입으로 하고, 부족액은 그 지방자치단체가 부담한다(영 제75조 제5항).

◎ 축척변경의 확정공고
ⓐ 청산금의 납부 및 지급이 완료되었을 때에는 지적소관청은 지체 없이 축척변경의 확정공고를 하여야 한다(영 제78조 제1항). 축척변경의 확정공고에는 다음과 같은 사항이 포함되어야 한다(규칙 제92조 제1항).
- 토지의 소재 및 지역명
- 축척변경 지번별 조서
- 청산금조서
- 지적도의 축척
ⓑ 축척변경 시행지역의 토지는 축척변경의 확정공고일에 토지의 이동이 있는 것으로 본다(영 제78조 제3항).

㉐ 지적공부의 정리 및 등기촉탁
ⓐ 지적소관청은 확정공고를 하였을 때에는 지체 없이 축척변경에 따라 확정된 사항을 지적공부에 등록하여야 한다(영 제78조 제2항).
지적공부에 등록하는 때에는 다음의 기준에 따라야 한다(규칙 제92조 제2항).
- 토지대장은 확정공고된 축척변경 지번별 조서에 따를 것
- 지적도는 확정측량결과도 또는 경계점좌표에 따를 것
ⓑ 지적소관청이 축척변경에 의하여 확정된 사항을 지적공부에 등록한 때에는 관할 등기관서에 등기를 촉탁하여야 한다(법 제89조 제1항).

::참고 |
1. 지적소관청은 청산금을 지급받을 자가 행방불명 등으로 받을 수 없거나 받기를 거부할 때에는 그 청산금을 공탁할 수 있다.
2. 지적소관청은 청산금을 내야 하는 자가 납부고지 또는 수령통지를 받은 날부터 1개월 이내에 청산금에 관한 이의신청을 하지 아니하고 납부기간 내에 청산금을 내지 아니하면 지방세 체납처분의 예에 따라 징수할 수 있다.

🔺 축척변경위원회 제32회, 제33회

구분	내용
구성	① 5인 이상 10인 이내 ② 토지소유자가 2분의 1 이상 ③ 시행지역 안의 토지소유자가 5인 이하인 경우 소유자 전원 위촉 ④ 위원은 해당 시행지역 내의 토지소유자 중 지역사정에 정통한 자와 지적에 관한 전문지식을 가진 자 중 지적소관청이 위촉 ⑤ 위원장은 위원 중에서 지적소관청이 지명
심의·의결 사항	① 축척변경시행계획안에 관한 사항 ② 청산금 산출 및 지번별 m²당 가격결정에 관한 사항 ③ 청산금에 대한 이의신청에 관한 사항 ④ 기타 축척변경에 관하여 지적소관청이 회의에 부치는 사항
회의	위원장 포함한 재적위원 과반수 출석개의, 출석위원 과반수 찬성 의결

기출 ✎
1. 축척변경위원회의 회의는 위원장을 포함한 재적위원 과반수의 출석으로 개의(開議)하고, 출석위원 과반수의 찬성으로 의결한다. (○)
2. 축척변경위원회는 5명 이상 15명 이하의 위원으로 구성하되, 위원의 3분의 2 이상을 토지소유자로 하여야 한다. 이 경우 그 축척변경 시행지역의 토지소유자가 5명 이하일 때에는 토지소유자 전원을 위원으로 위촉하여야 한다. (×)
3. 축척변경위원회는 5명 이상 10명 이하의 위원으로 구성하되, 위원의 2분의 1 이상을 토지소유자로 하여야 한다. 이 경우 그 축척변경 시행지역의 토지소유자가 5명 이하일 때에는 토지소유자 전원을 위원으로 위촉하여야 한다. 위원장은 위원 중에서 지적소관청이 지명한다.
(○) 제32회, 제33회

제3절 | 토지이동 신청 및 지적공부의 정리

제26회, 제28회, 제29회, 제30회, 제31회, 제34회

(1) 토지이동의 신청

토지의 이동의 신청은 원칙적으로 토지소유자가 하여야 한다. 단, 다음과 같은 예외가 있다.

① **대위신청**(소유자의 신청을 대신함) : 단, 등록사항 정정 대상토지는 제외한다.
　㉠ 공공사업(천제구철수도유학의 지목으로 되는 토지) 사업시행자
　㉡ 「주택법」에 의한 공동주택부지의 합병신청시 「집합건물의 소유 및 관리에 관한 법률」상 관리인(없으면 공유자들이 뽑은 대표자) 또는 사업시행자
　㉢ 국가 또는 지방자치단체가 취득하는 토지를 관리하는 행정기관 또는 지방자치단체의 장
　㉣ 「민법」 제404조에 의한 채권자대위권을 행사할 수 있는 채권자

② **도시개발사업 등 시행지역의 특례**
　㉠ 도시개발사업 등과 관련하여 토지의 이동이 필요한 경우 해당 사업의 시행자가 신청한다.
　　ⓐ 도시개발사업 등의 착수·변경 또는 완료 사실의 신고는 그 사유가 발생한 날부터 15일 이내에 지적소관청에 하여야 한다.

기출 ✎ 다음 중 지적에 관한 법령상 토지소유자가 하여야 하는 토지의 이동신청을 대신할 수 있는 자가 아닌 것은? 제24회
① 「민법」 제404조에 따른 채권자
② 주차전용 건축물 및 이에 접속된 부속시설물의 부지인 경우는 해당 토지를 관리하는 관리자
③ 국가나 지방자치단체가 취득하는 토지인 경우는 해당 토지를 관리하는 행정기관의 장 또는 지방자치단체의 장
④ 공공사업 등에 따라 하천·구거·유지·수도용지 등의 지목으로 되는 토지인 경우는 해당 사업의 시행자
⑤ 「주택법」에 따른 공동주택의 부지인 경우는 「집합건물의 소유 및 관리에 관한 법률」에 따른 관리인(관리인이 없는 경우에는 공유자가 선임한 대표자) 또는 해당 사업의 시행자

▶정답 ②

ⓑ 도시개발사업과 관련한 토지의 이동신청은 그 신청 대상지역이 환지(換地)를 수반하는 경우에는 사업완료 신고로써 이를 갈음할 수 있다. 이 경우 사업완료신고서에 토지의 이동신청을 갈음한다는 뜻을 적어야 한다.

ⓒ 사업의 착수 또는 변경의 신고가 된 토지의 소유자가 해당 토지의 이동을 원하는 경우에는 해당 사업의 시행자에게 그 토지의 이동을 신청하도록 '요청'하여야 하며, 요청을 받은 시행자는 해당 사업에 지장이 없다고 판단되면 지적소관청에 그 이동을 신청하여야 한다.

ⓒ 주택건설 사업시행자가 파산 등의 이유로 토지의 이동신청을 할 수 없을 때에는 그 주택의 시공을 보증한 자 또는 입주예정자 등이 신청할 수 있다.

ⓔ 토지의 이동은 토지의 형질변경 등의 공사가 준공된 때에 이루어진 것으로 본다.

(2) 지적공부의 정리

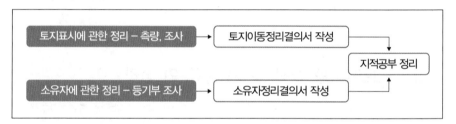

① 토지이동정리결의서는 토지대장, 임야대장, 경계점좌표등록부별로 작성 + 토지이동신청서 또는 도시개발사업 등의 완료신고서 등 첨부

② 소유자정리결의서는 + 등기필증, 등기부 등본, 그 밖에 토지소유자가 변경되었음을 증명하는 서류를 첨부

(3) 정리대상

① 지번변경(시·도지사 승인 필요, 지번을 순차적으로 부여)

② 지적공부의 복구

③ 신규등록, 등록전환, 분할, 합병, 지목변경 등 토지의 이동이 있는 경우
  ↳ 이미 작성된 지적공부에 정리할 수 없는 때에는 이를 새로이 작성하여야 한다.

(4) 소유자변경정리 제33회

① 등기필증, 등기완료통지서, 등기사항증명서 또는 등기관서에서 제공한 등기전산정보자료에 따라 정리한다. 다만, 신규등록하는 토지의 소유자는 지적소관청이 직접 조사하여 등록한다.

② 등기부에 적혀 있는 토지의 표시가 지적공부와 일치하지 아니하면 위 ①에 따라 토지소유자를 정리할 수 없다. 이 경우 토지의 표시와 지적공부가 일치하지 아니하다는 사실을 관할 등기관서에 통지하여야 한다(불부합 통지, 법 제88조 제3항).

③ 지적소관청은 필요한 때에는 지적공부와 등기부의 부합 여부를 조사·확인하여야 하고 불부합을 발견한 경우 직권으로 지적공부를 정리하거나 토지소유자(이해관계인)에게 부합에 필요한 신청을 하도록 요구할 수 있다(이때 소관청 공무원의 등기부 열람, 등기사항증명서의 발급신청, 등기전산정보자료 제공의 요청시 그 수수료는 무료).

(5) 등기촉탁

지적소관청은 다음과 같은 사유로 토지의 표시변경에 관한 등기를 할 필요가 있는 경우에는 지체 없이 관할 등기관서에 그 등기를 촉탁하여야 한다. 이 경우 등기촉탁은 국가가 국가를 위하여 하는 등기로 본다.

① 등록전환, 분할, 합병, 지목변경 등의 토지이동정리를 한 경우(신규등록 제외)

② 지번변경을 한 때

③ 행정구역 개편으로 새로이 지번을 정한 때

④ 축척변경한 때

⑤ 바다로 된 토지를 등록말소한 때

⑥ 지적소관청이 직권등록정정한 때

(6) 지적정리의 통지 제34회

① 지적소관청이 지적공부에 등록하거나 지적공부를 복구 또는 말소하거나 등기촉탁을 하였으면 다음의 정해진 기간 내에 해당 토지소유자에게 통지하여야 한다.

토지의 표시에 관한 변경등기가 필요한 경우	그 등기완료의 통지서를 접수한 날부터 15일 이내
토지의 표시에 관한 변경등기가 필요하지 아니한 경우	지적공부에 등록한 날부터 7일 이내

다만, 통지받을 자의 주소나 거소를 알 수 없는 경우에는 해당 일간신문, 해당 시·군·구의 공보 또는 인터넷 홈페이지에 공고하여야 한다.

:: 참고 ::「부동산등기법」제36조 【표시변경의 직권등기】

① 등기관이 지적소관청으로부터「공간정보의 구축 및 관리 등에 관한 법률」제88조 제3항 후단에 따른 통지를 받은 경우에 제35조의 기간 이내에 등기명의인으로부터 등기신청이 없을 때에는 그 통지서의 기재내용에 따른 변경등기를 직권으로 하여야 한다.

핵심 등기촉탁 사유가 아닌 경우
신규등록, 소유자변경

기출 ✍ 지적소관청이 신규등록하는 토지소유자를 직접 조사하여 등록한 경우 지체 없이 관할 등기관서에 그 등기를 촉탁하여야 한다. (×)

기출 ✍
1. 토지의 표시에 관한 변경등기가 필요하지 아니한 지적정리 등의 통지는 지적소관청이 지적공부에 등록한 날부터 10일 이내 해당 토지소유자에게 하여야 한다. (×)
2. 지적소관청은 등록전환으로 인하여 토지의 표시에 관한 변경등기가 필요한 경우 그 변경등기를 등기관서에 접수한 날부터 15일 이내에 해당 토지소유자에게 지적정리를 통지하여야 한다. (×)
3. 지적소관청이 시·도지사나 대도시 시장의 승인을 받아 지번부여지역의 일부에 대한 지번을 변경하여 지적공부에 등록한 경우 해당 토지소유자에게 통지하여야 한다. (○)
4. 도시개발사업 시행지역에 있는 토지로서 그 사업시행에서 제외된 토지의 축척을 지적소관청이 변경하여 등록한 경우 지적소관청은 토지소유자에게 지적정리 등의 통지를 할 필요가 없다. (×)

② **지적정리의 통지 사유**

　㉠ 지적소관청이 토지의 이동에 따른 지번·지목·면적·경계 또는 좌표 등을 지적공부에 직권으로 등록한 때

　㉡ 지번부여지역의 일부가 행정구역의 개편으로 다른 지번부여지역에 속하게 되어 지적소관청이 지번을 새로이 부여한 때

　㉢ 지적공부에 등록된 지번을 변경한 때

　㉣ 지적공부를 복구한 때

　㉤ 지적소관청이 직권으로 등록말소를 한 때

　㉥ 지적소관청이 직권으로 등록사항의 오류를 정정한 때

　㉦ 도시개발사업 등에 따른 토지이동이 있는 때

　㉧ 토지이동을 사업시행자 등이 대위신청한 때

　㉨ 지적소관청이 토지표시에 관한 변경등기를 등기소에 촉탁한 때

지적측량

(1) 지적측량의 목적

'지적측량'이란 토지를 지적공부에 등록하거나 지적공부에 등록된 경계점을 지상에 복원하기 위하여 각 필지의 경계 또는 좌표와 면적을 정하는 측량을 말하며, 지적확정측량 및 지적재조사측량을 포함한다.

(2) 지적측량과 각종 측량의 개념(법 제2조)

> ① '측량'이란 공간상에 존재하는 일정한 점들의 위치를 측정하고 그 특성을 조사하여 도면 및 수치로 표현하거나 도면상의 위치를 현지(現地)에 재현하는 것을 말하며, 측량용 사진의 촬영, 지도의 제작 및 각종 건설사업에서 요구하는 도면작성 등을 포함한다.
>
> ② '기본측량'이란 모든 측량의 기초가 되는 공간정보를 제공하기 위하여 국토교통부장관이 실시하는 측량을 말한다.
>
> ③ '공공측량'이란 다음의 측량을 말한다.
>
> > ⊙ 국가, 지방자치단체, 그 밖에 대통령령으로 정하는 기관이 관계 법령에 따른 사업 등을 시행하기 위하여 기본측량을 기초로 실시하는 측량
> >
> > ⓒ ⊙ 외의 자가 시행하는 측량 중 공공의 이해 또는 안전과 밀접한 관련이 있는 측량으로서 대통령령으로 정하는 측량
>
> ④ '지적측량'이란 토지를 지적공부에 등록하거나 지적공부에 등록된 경계점을 지상에 복원하기 위하여 필지의 경계 또는 좌표와 면적을 정하는 측량을 말하며, 지적확정측량 및 지적재조사측량을 포함한다.
>
> ⑤ '일반측량'이란 기본측량, 공공측량 및 지적측량 외의 측량을 말한다.

∷ 참고 | **지적확정측량과 지적재조사측량**

1. '지적확정측량'이란 제86조 제1항에 따른 사업이 끝나 토지의 표시를 새로 정하기 위하여 실시하는 지적측량을 말한다.
2. '지적재조사측량'이란 「지적재조사에 관한 특별법」에 따른 지적재조사사업에 따라 토지의 표시를 새로 정하기 위하여 실시하는 지적측량을 말한다.

:: 참고 | '연속지적도'란 지적측량을 하지 아니하고 전산화된 지적도 및 임야도 파일을 이용하여 도면상 경계점들을 연결하여 작성한 도면으로서, 측량에 활용할 수 없는 도면을 말한다.

┌기출┐
1. 연속지적도에 있는 경계점을 지상에 표시하기 위해 측량을 하는 경우도 지적측량대상이다. (×)
2. 지상건축물 등의 현황을 지적도 및 임야도에 등록된 경계와 대비하여 표시하는 지적측량을 지적현황측량이라 한다. (○) 제32회
3. 지상건축물 등의 현황을 지형도에 표시하는 경우 지적측량(지적현황측량) 대상이 된다. (×) 제33회

┌기출┐
1. 「지적재조사에 관한 특별법」에 따른 지적재조사사업에 따라 토지의 이동이 있는 경우로서 지적측량을 할 필요가 있는 경우도 지적측량실시의 대상이 된다. (○)
2. 「지적재조사에 관한 특별법」에 따른 지적재조사사업에 따라 토지의 이동이 있는 경우로서 지적측량을 할 필요가 있는 경우 토지 소유자 등 이해관계인이 지적측량수행자에게 지적측량을 의뢰할 수 있다. (×)

:: 참고 | 검사측량, 지적재조사측량도 지적측량에 포함되나 지적측량수행자에게 의뢰하는 지적측량에서는 제외된다.

♀ Tip 지적측량수행자란 지적측량업 등록을 한 자와 한국국토정보공사를 말한다.

(3) 지적측량의 대상

기초측량	① 지적삼각측량 ② 지적삼각보조측량 ③ 지적도근측량	지적측량기준점의 위치를 결정하기 위하여 실시하는 측량
세부측량 : 기초측량을 기준으로 1필지의 토지의 형상을 측정하기 위한 측량	① 지적복구측량 ② 신규등록측량 ③ 등록전환측량 ④ 분할측량 ⑤ 등록말소측량 ⑥ 축척변경측량 ⑦ 등록사항정정측량 ⑧ 지적확정측량 ⑨ 경계복원측량 ⑩ 지적현황측량 제32회, 제34회 ⑪ 「지적재조사에 관한 특별법」에 따른 재조사측량	⑤ 해면성말소시 (일부 말소시만) ⑧ 도시개발사업 등 시행시 ⑨ 경계점을 지상에 복원하기 위해 ⑩ 지상건축물의 현황을 도면의 경계와 대비하여 표시하기 위해 필요한 때
검사측량	측량성과를 검사(소관청 또는 시도)	경계복원측량과 지적현황측량은 검사측량을 받지 않음!

(4) 측량절차 제28회, 제29회, 제32회, 제33회, 제34회

① 소유자 등 이해관계인의 측량 의뢰

㉠ 지적측량이 필요한 경우(검사측량, 지적재조사측량 제외)에는 지적측량수행자에게 의뢰한다. 제32회

㉡ 의뢰인은 지적측량수행자에게 지적측량수수료를 내야 한다.

㉢ 지적소관청 직권으로 조사측량하여 정리한 경우에는 토지소유자로부터 측량비용 징수

　ⓐ 다만, 지적소관청이 직권으로 바다로 된 토지의 등록말소한 경우에는 징수 ×

　ⓑ 토지소유자가 지적공부정리일로부터 30일 이내에 납부하지 않으면 강제징수

② **지적측량의 준비**

　㉠ 의뢰받은 지적측량수행자는 지적측량수행계획서 작성 - 다음 날까지 지적소관청에 제출한다(제출한 계획서를 변경하는 경우에도 같다).

　㉡ 세부측량의 경우 지적소관청은 제출된 지적측량수행계획서에 따라 지적측량을 하려는 지역의 지적공부와 부동산종합공부에 관한 전산자료를 지적측량수행자에게 제공하여야 한다(「지적측량 시행규칙」 제16조).

　㉢ 측량준비파일의 작성

　　ⓐ 평판측량에 의한 세부측량을 할 때 : 지적도, 임야도에 따라 측량준비파일 작성

　　ⓑ 경위의측량에 의한 세부측량을 할 때 : 경계점좌표등록부와 지적도에 따라 측량준비파일을 작성

③ **지적측량 실시** : 지적측량성과 작성

④ **측량성과 검사**

　㉠ 지적측량수행자는 측량부·측량결과도·면적측정부, 측량성과 파일 등 측량성과에 관한 자료(전자파일 형태로 저장한 매체 또는 인터넷 등 정보통신망을 이용하여 제출하는 자료를 포함한다)를 지적소관청에 제출하여 그 성과의 정확성에 관한 검사를 받아야 한다.

　　㉡ 다만, ‘지적삼각측량성과’ 및 ‘경위의측량에 의한 지적확정측량성과’인 경우에는 다음의 구분에 따라 검사를 받아야 한다.

　　1. 국토교통부장관이 정하여 고시하는 면적 규모 이상의 지적확정측량성과 : 시·도지사 또는 대도시 시장(「지방자치법」 제198조에 따라 서울특별시·광역시 및 특별시를 제외한 인구 50만 이상 대도시의 시장을 말한다)

　　2. 국토교통부장관이 정하여 고시하는 면적 규모 미만의 지적확정측량성과 : 지적소관청

　㉡ 지적공부를 정리하지 않는 경계복원측량과 지적현황측량은 검사를 받지 않는다.

⑤ **지적측량성과도 교부**

　㉠ 지적소관청은 검사 후 측량성과도를 지체 없이 지적측량수행자에게 교부한다.

　㉡ 지적측량수행자는 측량성과도를 의뢰인에게 교부한다(이 경우 검사를 받지 아니한 지적측량성과도는 지적측량의뢰인에게 발급할 수 없다).

1. 지적기준점을 설치하지 아니하고, 지적측량의뢰인과 지적측량수행자가 서로 합의하여 따로 기간을 정하는 경우를 제외한 지적측량의 측량기간은 5일, 측량검사기간은 4일로 한다.
   (O)
2. 지적측량의뢰인과 지적측량수행자가 서로 합의하여 따로 기간을 정하는 경우에는 그 기간에 따르되, 전체 기간의 5분의 3은 측량기간으로, 전체 기간의 5분의 2는 측량검사기간으로 본다. (×)
3. 지적측량의뢰인과 지적측량수행자가 서로 합의하여 따로 기간을 정하는 경우에는 그 기간에 따르되, 전체 기간의 4분의 1은 측량기간으로, 전체 기간의 4분의 3은 측량검사기간으로 본다. (×) 제33회

공간정보의 구축 및 관리 등에 관한 법령에 따라 지적측량의뢰인과 지적측량수행자가 서로 합의하여 토지의 분할을 위한 측량기간과 측량검사기간을 합쳐 20일로 정하였다. 이 경우 측량검사기간은? (단, 지적지준점의 설치가 필요 없는 지역임) 제26회
① 5일
② 8일
③ 10일
④ 12일
⑤ 15일

▶ 정답 ①

🔦 측량기간 및 측량검사기간 제34회

구분	측량기간	측량검사기간
지역 불문	5일	4일
협의 또는 계약	협의기간의 3/4	협의기간의 1/4
지적측량기준점 설치	• 15점 이하: 4일 가산 • 15점 초과: 4일에 15점 초과하는 4점마다 1일 가산	

⠿ 참고 | 기초측량의 의의와 지적측량의 방법

1. **기초측량**
   ① 지적삼각측량·지적삼각보조측량을 하는 경우
      ㉠ 측량지역의 지형상, ㉡ 지적도근점의 설치 또는 재설치를 위하여, ㉢ 세부측량을 하기 위하여 지적삼각점이나 지적삼각보조점의 설치 또는 재설치가 필요한 경우
   ② 지적도근측량을 하는 경우
      ㉠ 축척변경을 위한 측량을 하는 경우
      ㉡ 도시개발사업 등으로 인하여 지적확정측량을 하는 경우
      ㉢ 「국토의 계획 및 이용에 관한 법률」 제7조 제1호 규정에 의한 도시지역에서 세부측량을 하는 경우
      ㉣ 측량지역의 면적이 해당 지적도 1장에 해당하는 면적 이상인 경우
      ㉤ 세부측량 시행상 특히 필요한 경우
2. **지적측량의 방법**

① (전자)평판측량 ② 경위의측량 ③ 전파기 또는 광파기 측량 ④ 사진측량 ⑤ 위성측량	기초측량 − 경위의측량, 전파기 또는 광파기 측량(측판측량 ×) 세부측량 ┌ 측판측량(도해) 　　　　　└ 경위의측량(수치)

(5) 지적측량기준점성과의 관리와 열람신청 제31회, 제33회, 제34회

구분	표지관리	측량성과의 보존관리	측량성과의 열람신청	통보
지적삼각점	지적소관청	시·도지사	시·도지사 또는 지적소관청	표지설치 변경시 지적소관청이 시·도지사에게 통보
지적삼각 보조점	지적소관청	지적소관청	지적소관청	-
지적도근점	지적소관청	지적소관청	지적소관청	-

🪨 지적기준점의 설치 및 관리

「**지적측량 시행규칙」 제3조【지적기준점성과의 관리 등】** 지적기준점성과의 관리는 다음 각 호에 따른다.
1. 지적삼각점성과는 특별시장·광역시장·도지사 또는 특별자치도지사(이하 '시·도지사'라 한다)가 관리하고, 지적삼각보조점성과 및 지적도근점성과는 지적소관청이 관리할 것
2. 지적소관청이 지적삼각점을 설치하거나 변경하였을 때에는 그 측량성과를 시·도지사에게 통보할 것
3. 지적소관청은 지형·지물 등의 변동으로 인하여 지적삼각점성과가 다르게 된 때에는 지체 없이 그 측량성과를 수정하고 그 내용을 시·도지사에게 통보할 것

규칙 제26조【지적기준점성과의 열람 및 등본발급】 ① 법 제27조에 따라 지적측량기준점성과 또는 그 측량부를 열람하거나 등본을 발급받으려는 자는 지적삼각점성과에 대해서는 특별시장·광역시장·특별자치시장·도지사·특별자치도지사(이하 '시·도지사'라 한다) 또는 지적소관청에 신청하고, 지적삼각보조점성과 및 지적도근점성과에 대해서는 지적소관청에 신청하여야 한다.

기출 📝
1. 시·도지사나 지적소관청은 지적기준점성과와 그 측량기록을 보관하고 일반인이 열람할 수 있도록 하여야 한다. (○) 제33회
2. 지적삼각점성과의 열람과 등본 발급신청은 시·도지사 또는 지적소관청에 하여야 한다. (○)
3. 지적삼각보조점성과를 열람하거나 등본을 발급받으려는 자는 시·도지사 또는 지적소관청에 신청하여야 한다. (×)
4. 지적삼각보조점성과 및 지적도근점성과를 열람하거나 등본을 발급받으려는 자는 지적측량수행자에게 신청하여야 한다. (×) 제33회

▪▪ 참고 | 「**지적측량 시행규칙」 제2조【지적기준점표지의 설치·관리 등】**
① 지적기준점표지의 설치는 다음 각 호의 기준에 따른다.
1. 지적삼각점표지의 점간거리는 평균 2킬로미터 이상 5킬로미터 이하로 할 것
2. 지적삼각보조점표지의 점간거리는 평균 1킬로미터 이상 3킬로미터 이하로 할 것
3. 지적도근점표지의 점간거리는 평균 50미터 이상 300미터 이하로 할 것
② 지적소관청은 연 1회 이상 지적기준점표지의 이상 유무를 조사하여야 한다. 이 경우 멸실되거나 훼손된 지적기준점표지를 계속 보존할 필요가 없을 때에는 폐기할 수 있다.
③ 지적소관청이 관리하는 지적기준점표지가 멸실되거나 훼손되었을 때에는 지적소관청은 다시 설치하거나 보수하여야 한다.

제2절 **지적위원회 및 지적측량적부심사**

제27회, 제29회, 제30회, 제31회, 제34회

(1) 지적위원회

① **의의 및 종류**: 지적측량에 대한 적부심사 청구사항을 심의·의결하기 위하여 국토교통부에 중앙지적위원회를 두고, 특별시·광역시·특별자치시·도 또는 특별자치도(이하 '시·도'라 한다)에 지방지적위원회를 둔다.

② **중앙지적위원회의 심의·의결사항**

   ㉠ 지적 관련 **정책개발** 및 업무개선 등에 관한 사항
   ㉡ 지적측량기술의 연구·개발 및 보급에 관한 사항
   ㉢ 지적측량적부심사(適否審査)에 대한 재심사(再審査)
   ㉣ 지적분야 측량기술자(지적기술자)의 양성에 관한 사항
   ㉤ 지적기술자의 업무정지처분 및 징계요구에 관한 사항

③ **중앙지적위원회의 구성 및 회의**

   ㉠ 위원장 및 부위원장 각 1인을 포함하여 5인 이상 10인 이내의 위원으로 구성한다.
   ㉡ **위원장**: 국토교통부 지적업무담당 국장, 부위원장은 지적업무담당 과장이 된다.
   ㉢ **위원**: 지적에 관한 학식과 경험이 풍부한 사람 중에서 국토교통부장관이 임명 또는 위촉한다.
   > 간사: 국토교통부의 지적업무 담당 공무원 중에서 국토교통부장관이 임명하며, 회의 준비, 회의록 작성 및 회의 결과에 따른 업무 등 중앙지적위원회의 서무를 담당한다.
   ㉣ 위원장 및 부위원장을 제외한 위원의 임기는 2년으로 한다.
   ㉤ 위원장이 회의를 소집하고 그 의장이 된다.
   ㉥ 위원장이 부득이한 사유로 직무를 수행할 수 없을 때에는 부위원장이 그 직무를 대행하고, 위원장 및 부위원장이 모두 부득이한 사유로 직무를 수행할 수 없을 때에는 위원장이 미리 지명한 위원이 그 직무를 대행한다.
   ㉦ 회의는 재적위원 과반수의 출석으로 개의하고, 출석위원 과반수의 찬성으로 의결한다.
   ㉧ 위원장이 위원회의 회의를 소집하는 때에는 회의일시·장소 및 심의안건을 회의 5일 전까지 각 위원에게 서면으로 통지하여야 한다.

ⓩ 위원회는 관계인을 출석하게 하여 의견을 들을 수 있으며, 필요한 경우에는 현지조사를 할 수 있다.

ⓩ 위원이 지적측량적부심사 또는 재심사에 있어서 그 측량사안에 관하여 관련이 있는 경우에는 그 안건의 심의 또는 의결에 참석할 수 없다.

📌참고 | 지적위원회 위원의 제척

중앙지적위원회의 위원이 다음 각 호의 어느 하나에 해당하는 경우에는 중앙지적위원회의 심의·의결에서 제척(除斥)된다.

1. 위원 또는 그 배우자나 배우자이었던 사람이 해당 안건의 당사자가 되거나 그 안건의 당사자와 공동권리자 또는 공동의무자인 경우

2. 위원이 해당 안건의 당사자와 친족이거나 친족이었던 경우

3. 위원이 해당 안건에 대하여 증언, 진술 또는 감정을 한 경우

4. 위원이나 위원이 속한 법인·단체 등이 해당 안건의 당사자의 대리인이거나 대리인이었던 경우

5. 위원이 해당 안건의 원인이 된 처분 또는 부작위에 관여한 경우

---

(2) 지적측량적부심사의 절차 제32회

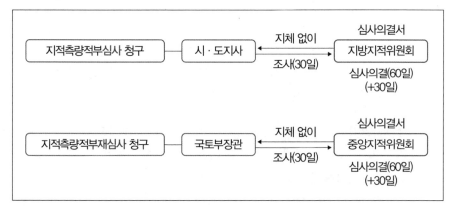

① 토지소유자, 이해관계인 또는 지적측량수행자는 지적측량성과에 대하여 다툼이 있는 경우에는 관할 시·도지사를 거쳐 지방지적위원회에 지적측량적부심사를 청구하여야 한다.

영 제24조【지적측량의 적부심사 청구 등】 ① 법 제29조 제1항에 따라 지적측량 적부심사(適否審査)를 청구하려는 자는 심사청구서에 다음 각 호의 구분에 따른 서류를 첨부하여 특별시장·광역시장·특별자치시장·도지사 또는 특별자치도지사(이하 '시·도지사'라 한다)를 거쳐 지방지적위원회에 제출하여야 한다.
1. 토지소유자 또는 이해관계인 : 지적측량을 의뢰하여 발급받은 지적측량성과
2. 지적측량수행자(지적측량수행자 소속 지적기술자가 청구하는 경우만 해당한다) : 직접 실시한 지적측량성과

② **시·도지사 조사** : 시·도지사가 30일 이내에 지방지적위원회에 회부

③ **지방지적위원회의 심의·의결**(회부받은 날부터 60일 이내. 단, 의결로서 30일까지 1차 연장 가능)

④ **심사의결서**(위원장과 참석인원 전원 서명날인)를 지체 없이 시·도지사에 송부

⑤ **시·도지사는 송부받은 날로부터 7일 이내에 적부심사청구인 및 이해관계인에게 통지**

⑥ **재심사의 청구** : 의결서를 받은 자가 지방지적위원회의 의결에 불복하는 경우에는 그 의결서를 받은 날부터 90일 이내에 **국토교통부장관을 거쳐 중앙지적위원회에 재심사를 청구할 수 있다.**

> 지적측량적부심사의 재심사 청구를 하려는 자는 재심사청구서에 지방지적위원회의 지적측량적부심사의결서 사본을 첨부하여 국토교통부장관을 거쳐 중앙지적위원회에 제출하여야 한다.

⑦ **재심사 의결** : 의결서를 국토교통부장관에게 송부(장관은 의결서를 받은 날부터 7일 이내에 재심사청구인 및 이해관계인에게 통지) – 국토교통부장관은 시·도지사에게 송부

　　▢ 시·도지사는 재심사청구가 없는 경우에는 심사의결서 사본을, 재심사 절차에 따라 재심사의결을 받은 경우에는 재심사의결서 사본에 심사의결서 사본을 첨부하여 지적소관청에 송부

⑧ **지적소관청은 지적공부 (직권)정정 또는 측량성과 수정**

　　▢ 특별자치시장은 심사의결서를 받거나 재심사의결서를 받은 경우에는 직접 그 내용에 따라 지적공부의 등록사항을 정정하거나 측량성과를 수정하여야 한다.

∷참고 | 지방지적위원회의 의결 후 90일 이내 재심사청구를 하지 아니하거나 중앙지적위원회의 의결이 있는 경우에는 해당 측량성과에 대하여 다시 지적측량적부심사를 청구할 수 없다.

기출
1. 지적측량적부심사 청구를 받은 지적소관청은 30일 이내에 다툼이 되는 지적측량의 경위 및 그 성과, 해당 토지에 대한 토지이동 및 소유권 변동 연혁, 해당 토지 주변의 측량기준점, 경계, 주요 구조물 등 현황 실측도를 조사하여 지방지적위원회에 회부하여야 한다. (×) 제32회
2. 지적측량적부심사 청구를 회부받은 지방지적위원회는 부득이한 경우가 아닌 경우 그 심사청구를 회부받은 날부터 90일 이내에 심의·의결하여야 한다. (×) 제32회
3. 지방지적위원회는 부득이한 경우에 심의기간을 해당 지적위원회의 의결을 거쳐 60일 이내에서 한 번만 연장할 수 있다. (×) 제32회
4. 의결서를 받은 자가 지방지적위원회의 의결에 불복하는 경우에는 그 의결서를 받은 날부터 90일 이내에 시·도지사를 거쳐 중앙지적위원회에 재심사를 청구할 수 있다. (×) 제32회

정리 지적법령상 중요 날짜

4일	측량검사기간(시·도지사 및 지적소관청)
5일 전까지	위원회의 회의소집시 각 위원에게 서면으로 통지
5일	측량기간(지적측량수행자)
7일 이내	• 지적측량적부심사의결서를 송부받은 시·도지사가 심사청구인 및 이해관계인에게 통지 • 지적정리 등록만 하는 경우 등록한 날로부터 7일 이내 통지
15일 이내	• 도시개발사업 등의 신고 • 지적정리 후 등기를 요하는 경우 등기완료통지 접수일로부터 15일 이내 통지
15일 이상	• 청산금 결정·공고 • 지적공부를 복구하고자 하는 시·군·구의 게시판 및 인터넷에 게시(기간 중 이의신청)
20일 이내	청산금 결정을 공고한 날부터 청산금 납부고지 및 수령통지
20일 이상	축척변경 시행공고
30일 이내	• 축척변경 시행지역에서 토지소유자의 경계표시의무 • 지적측량적부심사 청구시 시·도지사가 지방지적위원회에 회부할 때까지의 조사기간 • 토지소유자가 지적공부를 정리한 날부터 30일 이내에 측량수수료를 납부하지 않는 경우 징수
60일 이내	• 신규등록, 등록전환, 지목변경 등의 신청 • 1필지 일부의 용도가 다르게 된 경우의 분할신청 • 공동주택부지 등의 합병신청 • 지적측량적부심사 및 재심사 심의·의결기간
90일 이내	• 지적측량적부재심사 청구(의결서받은 날부터) • 바다로 된 토지의 등록말소 신청(통지받은 날부터)
1개월 이내	• 청산금에 대한 이의신청 • 청산금에 대한 축척변경위원회의 심의·의결내용을 통지
6개월 이내	• 청산금의 납부(납부고지를 받은 날부터) • 청산금의 지급(수령통지를 한 날부터)

부동산등기법

총설

(1) 부동산등기의 의의

'부동산등기'란 등기관이 등기부에 부동산의 권리관계와 사실관계를 법정절차에 따라 기록하는 것을 말한다.

(2) 등기부와 등기기록 등에 관한 규정

> **꼭 보세요!**
>
> 1. 등기신청은 신청정보가 전산정보처리조직에 저장된 때 접수된 것으로 본다. (○)
> 2. 등기관이 등기를 마친 경우, 그 등기는 접수한 때부터 효력이 생긴다. (○)
> 3. 등기관이 등기를 마친 경우, 그 등기는 등기를 마친 때부터 효력을 발생한다. (×)
> 4. 등기를 마친 경우 그 등기의 효력은 대법원규칙으로 정하는 등기신청정보가 전산정보처리조직에 저장된 때 발생한다. (○)

① '등기부'란 전산정보처리조직에 의하여 입력·처리된 등기정보자료를 대법원규칙으로 정하는 바에 따라 편성한 것을 말한다.

② '등기기록'이란 1필지의 토지 또는 1개의 건물에 관한 등기정보자료를 말한다.

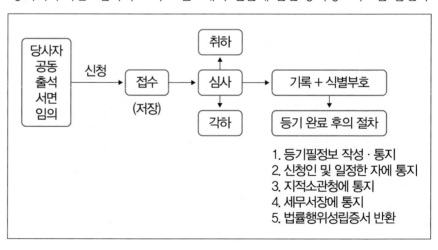

③ 등기신청은 해당 부동산이 다른 부동산과 구별될 수 있게 하는 정보가 전산정보처리조직에 저장된 때 접수된 것으로 본다.

④ 등기관이 등기를 마친 경우 그 등기는 접수한 때부터 효력을 발생한다.

⑤ 등기관이 등기사무를 처리한 때에는 등기사무를 처리한 등기관이 누구인지 알 수 있는 조치를 하여야 한다.

⑥ '등기관이 등기를 마친 경우'란 등기사무를 처리한 등기관이 누구인지 알 수 있는 조치를 하였을 때를 말한다.

⑦ 등기관이 등기사무를 처리하는 때에는 '법원 행정전자서명 인증관리센터'에서 발급받은 행정전자서명 인증서에 의한 등기전자서명을 하여야 한다.

⑧ 등기관이 누구인지 알 수 있도록 하는 조치는 각 등기관이 등기전자서명을 하여 미리 부여받은 식별부호를 기록하는 방법으로 한다.

(3) 우리나라 부동산등기제도의 특징

① **성립요건주의**: 현행 「민법」하에서는 법률행위에 의하여 소유권을 취득하는 경우에는 등기를 하여야 물권의 득실변경의 효력이 발생한다.

② **신청주의**: 법률에 다른 규정이 있는 경우를 제외하고는 당사자의 신청 또는 관공서의 촉탁이 없으면 등기를 하지 못한다.

③ **물적 편성주의**: 등기부는 원칙적으로 1동의 건물에 대하여 1등기기록을 사용하지만, 1동을 구분한 건물에 있어서는 1동의 건물에 속하는 전부에 대하여 1등기기록을 사용한다.

④ **공신력 부인**: 매수인이 등기부의 기록을 믿고 부동산을 매수하였지만 소유권을 취득하지 못하는 경우가 있을 수 있다.

기출

1. 등기관이 등기를 마친 경우, 그 등기는 등기를 마친 때부터 효력을 발생한다. (×)
2. 등기관이 등기를 마친 경우 그 등기는 접수한 때부터 효력이 발생한다. (○) 제32회

참고

1. 등기관은 등기사무를 전산정보처리조직을 이용하여 등기부에 등기사항을 기록하는 방식으로 처리하여야 한다.
2. 등기관은 접수번호의 순서에 따라 등기사무를 처리하여야 한다.
3. 등기부부본자료(登記簿副本資料)란 등기부와 동일한 내용으로 보조기억장치에 기록된 자료를 말한다.
4. 등기필정보란 등기부에 새로운 권리자가 기록되는 경우에 그 권리자를 확인하기 위하여 등기관이 작성한 정보를 말한다.

:: 참고 | 표제부의 등기(사실의 등기)의 특징

추정력×, 가등기×, 접수번호×, 부기등기×(언제나 주등기), 등기목적란×, 무효등기의 유용×, 표제부만으로 독립한 등기 가능

기출 ✎
1. 부동산의 표시변경등기는 부기등기할 사항이다. (×)
2. 말소되는 등기의 종류에는 제한이 없으며, 말소등기의 말소등기도 허용된다. (×)
3. 말소등기는 기존의 등기가 원시적 또는 후발적인 원인에 의하여 등기사항 전부가 부적법할 것을 요건으로 한다. (○)
4. 등기 후 등기사항에 변경이 생겨 등기와 실체관계가 일치하지 않을 때는 경정등기를 신청하여야 한다. (×)

제2절 부동산등기의 종류 제31회

☆ 부동산등기의 종류

분류기준	등기		내용
기능	표제부의 등기		부동산의 사실관계 − 표제부(1개월 신청의무)
	갑·을구의 등기		부동산의 권리관계 − 갑구 또는 을구
형식	주등기(독립등기)		독립된 순위번호(혹은 표시번호)를 붙여서 함
	부기등기		주등기에 부기하여 하는 등기
효력	종국등기(본등기)		권리(물권)변동적 효력을 발생시키는 등기
	예비등기	가등기	본등기할 권리의 청구권순위보전을 위한 등기
내용	기입등기		새로운 등기원인 기재(보존, 소유권이전, 설정등기)
	경정등기		등기와 실체관계의 원시적 일부 불일치 시정
	변경등기		등기와 실체관계의 후발적 일부 불일치 시정
	말소등기		기존 등기의 원시적 또는 후발적 전부 부적법
	말소회복등기		전부(주) 또는 일부(부기) 부적법 말소등기를 회복
	멸실등기		부동산이 전부 멸실된 경우 표제부에 하는 등기

제3절 등기사항 제34회

1 등기사항인 권리변동

(1) 「민법」 제186조

(부동산에 관하여) 법률행위 + 등기 ⇨ 물권변동

(2) 「민법」 제187조

(부동산에 관하여) 상공판경법 ⇨ 등기 없이 물권변동(+ 등기 = 처분 가능)

> **핵심** 부동산등기의 기능 − 물권 공시(거래의 안전과 신속)
> 1. 법률행위에 의한 부동산 물권변동의 성립요건(효력발생요건)
> 2. 법률규정에 의한 물권의 득실변경시 물권변동의 처분(제한)요건
> 3. 임차권, 환매권, 임의적 기재사항(특약, 약정 등) 등에 있어서 대항요건

:: 참고 |
1. 부동산에 관한 법률행위로 인한 물권의 득실변경은 등기하여야 그 효력이 생긴다(「민법」 제186조).
2. 상속, 공용징수, 판결, 경매 기타 법률의 규정에 의한 부동산에 관한 물권의 취득은 등기를 요하지 아니한다. 그러나 등기를 하지 아니하면 이를 처분하지 못한다(「민법」 제187조).

핵심 기타 법률규정(「민법」 제187조)에 의한 물권변동의 구체적인 경우

1. 신축건물(공유수면매립지)의 소유권 취득
2. (관습법상)법정지상권, 분묘기지권 취득
3. 법정저당권 취득
4. 존속기간 만료시 용익물권의 소멸
5. 피담보채권 소멸시 저당권의 소멸
6. 부동산의 멸실시 물권의 소멸
7. 무효·취소·해제로 인한 물권의 복귀
8. 혼동으로 인한 물권의 소멸

심화 등기와 물권변동의 관계

1. 「민법」 제187조의 단서규정에 위반하여 등기를 하지 않고 처분한 경우에도 판례에서는 그 등기가 실체관계와 부합하는 한 유효한 등기로 보고 있다.
2. '포괄유증'의 경우에는 유증자의 사망시에(소유권이전등기시 ×), '회사합병'의 경우에는 합병등기를 한 시점에(소유권이전등기시 ×) 포괄적으로 물권변동이 발생한다.
3. 다만, '특정적 유증'의 경우에는 수증자가 실질적으로 소유권이전등기를 하여야 소유권을 취득한다.

2 등기할 수 있는 물건

「부동산등기법」상 등기할 수 있는 물건은 부동산 중에서도 토지와 건물뿐이다. 또한 이러한 부동산이 사권의 목적이 될 수 있어야 등기할 수 있으며, 사권의 목적이 될 수 있는 것은 공용의 제한을 받더라도 등기할 수 있다.

등기 ○	등기 ×
• 「하천법」상 하천 • 「도로법」상의 도로 • 방조제(지목 : 제방) • 농업용 고정식 유리온실 • 유류저장탱크, 싸이로, 비각 • 조적조컨테이너구조 슬레이트지붕 건물 • 구분건물의 전유부분, 규약상 공용부분 • 부속건물	• 공유수면하의 토지 • 교량, 터널, 토굴 • 농지개량시설의 공작물(방수문) • 방조제의 부대시설(배수갑문) • 비닐하우스, 견본주택(모델하우스), 옥외풀장 • 급유탱크 • 주유소의 캐노피 • 컨테이너 건물 • 구분건물의 구조상 공용부분(복도, 계단)

기출 전세권설정등기가 된 후에 건물전세권의 존속기간이 만료되어 법정갱신이 된 경우, 甲은 존속기간 연장을 위한 변경등기를 하지 않아도 그 전세권에 대한 저당권설정등기를 할 수 있다. (×) 제32회

참고 법률규정에 의한 물권변동임에도 등기하여야 효력 발생하는 예외 ▷ 시효취득 – 「민법」 제245조 제1항(등기함으로써 물권변동 효력)
1. 20년간 소유의 의사로 평온, 공연하게 부동산을 점유하는 자는 등기함으로써 그 소유권을 취득한다.
2. 부동산의 소유자로 등기한 자가 10년간 소유의 의사로 평온, 공연하게 선의이며 과실 없이 그 부동산을 점유한 때에는 소유권을 취득한다.

참고 「건축법」상 건축물에 관하여 건물로서 소유권보존등기를 신청한 경우, 등기관은 그 건축물이 토지에 견고하게 정착되어 있는지(정착성), 지붕 및 주벽 또는 그에 유사한 설비를 갖추고 있는지(외기분단성), 일정한 용도로 계속 사용할 수 있는 것인지(용도성) 여부를 당사자가 신청서에 첨부한 건축물대장등본 등에 의하여 종합적으로 심사하여야 한다.

참고 공유수면을 구획지어 소유권보존등기 신청을 하거나 굴착한 토굴에 관하여 소유권보존등기 신청을 할 경우 등기관은 그 등기신청을 각하하여야 한다. 방조제(제방)는 토지대장에 등록한 후(지적법상 '제방'으로 등록) 그 대장등본을 첨부하여 토지로서 소유권보존등기를 신청할 수 있다.

기출✎
1. 사권의 목적이 되는 부동산이면 공용제한을 받고 있다 하더라도 등기의 대상이 된다. (○)
2. 사권의 목적이 되는 부동산이라도 공용의 제한을 받고 있다면 등기할 수 없다. (×)
3. 통상의 건물과 같은 정도의 지붕 및 주벽을 갖추지 않은 개방형 축사는 「부동산등기법」상 등기할 수 없다. (×)
4. 호텔 및 상업시설로 수선하고 해안가의 해저지면에 있는 암반에 앵커로 고정한 폐유조선 및 플로팅 도크는 건물소유권보존등기의 대상이 될 수 있다. (×)

기출✎
1. 「하천법」상 하천에 대한 소유권이전등기, 저당권설정등기를 할 수 있다. (○)
2. 「하천법」상 하천에 대한 지상권설정등기를 할 수 있다. (×)
제34회

∷참고 | 등기할 수 있는 건물의 특수한 경우

1. 축사의 경우 그 이용 목적 및 특수사정으로 통상의 건물과 같은 정도의 지붕 및 주벽을 갖추지는 않았다 하더라도 외부와 차단되었다고 볼 수 있도록 건물 내·외부 간의 자유로운 출입을 방지하기 위한 충분한 설비(최소한의 기둥과 지붕, 그리고 주벽)가 설치되었다면 외기분단성을 갖춘 건물로 인정할 수 있다(「축사의 부동산등기에 관한 특례법」 참조).

2. 폐유조선 및 플로팅 도크(물 위에 떠 있는 건조용 도크)는 호텔 및 상업시설로 수선하고 해안가의 해저지면에 있는 암반에 앵커로 고정하여도 건물소유권보존등기의 대상이 될 수 없다.

⊕보충 「하천법」상 하천에 대한 등기(예규 제1387호)

2008.4.7. 시행 「하천법」이 하천의 국유제를 폐지하고 하천인 사유토지에 대하여 사권을 행사할 수 없도록 하면서도, 예외적으로 소유권이전, 저당권설정 등의 일부 사권을 행사할 수 있도록 하고 있음(「하천법」 제4조)에 따라 등기예규가 마련되었다.

1. 대상토지
   「하천법」상의 하천으로서, 등기부상의 지목이 하천 또는 제방으로 등기된 토지(소유권보존등기의 경우에는 토지대장상의 지목이 하천 또는 제방)를 대상으로 한다.

2. 등기할 수 있는 경우
   ① 설정·보존·이전·변경·처분의 제한 또는 소멸에 대하여 이를 할 수 있다.
   　㉠ 소유권
   　㉡ 저당권
   　㉢ 권리질권
   ② 가등기는 위 권리의 설정·이전·변경 또는 소멸의 청구권을 보전하려 할 때에 이를 할 수 있다.
   ③ 예고등기(삭제)
   ④ 신탁등기
   ⑤ 부동산 표시변경등기
   ⑥ 등기명의인의 표시변경등기
   ⑦ 「부동산등기법」, 「민법」 또는 특별법에 따른 특약 또는 제한사항의 등기

3. 등기를 할 수 없는 경우
   지상권·지역권·전세권 또는 임차권에 대한 권리의 설정·이전 또는 변경의 등기는 「하천법」상의 하천에 대하여는 이를 할 수 없다.

3 등기할 수 있는 권리 제34회

물권	점유권	×	—	
	소유권	○	—	
	용익물권	지상권	○	구분지상권도 등기할 수 있는 권리에 해당한다.
		지역권	○	—
		전세권	○	—
	담보물권	저당권	○	—
		질권	×	단, 권리질권(채권담보권)은 저당권등기에 부기등기 ○
		유치권	×	—
채권	임차권	○	—	
	환매권	○	—	

심화 등기할 수 없는 권리

1. 부동산의 사용수익을 목적으로 하는 권리(지상권·지역권·전세권·임차권 등)는 권리질권의 대상이 되지 못하고 '저당권'만이 권리질권의 대상이 된다.

2. 특수지역권, 동산질권, 분묘기지권 등은 등기할 수 있는 물권이 아니다.

3. 주위토지통행권 확인판결을 받았다고 하더라도 '토지통행권'은 「부동산등기법」 제3조에서 정하는 등기사항이 아니므로 등기할 수 없다.

참고 | 채권담보권의 등기

'채권담보권'은 담보약정에 따라 금전의 지급을 목적으로 하는 지명채권(여러 개의 채권 또는 장래에 발생할 채권을 포함한다)을 목적으로 등기한 담보권을 말한다. 채권담보권의 부기등기는 저당권자가 등기의무자가 되고 채권담보권자가 등기권리자가 되어 공동으로 신청한다. 이 경우 저당권자는 법인 또는 「상업등기법」에 따라 상호등기를 한 사람이어야 한다. 등기목적은 '저당권부채권담보권의 설정'으로 한다.

∷**참고** | 가등기는 등기할 수 있는 권리들의 설정·이전·변경·소멸의 청구권을 보전하려 할 때에 하게 되며, 따라서 보존, 처분의 제한의 경우는 가등기하지 못한다.

4 등기할 수 있는 물권변동

등기할 수 있는 권리의 설정·보존·이전·변경·처분의 제한 또는 소멸에 대한 등기가 가능하다.

∷**참고** | 용어 정리

1. '보존'이란 미등기부동산에 관하여 이미 가지고 있는 소유권의 존재를 공시하기 위하여 처음 하는 등기를 말하며 보존등기할 수 있는 권리는 소유권에 한한다.

2. '설정'이란 당사자 사이의 계약으로 부동산물권 위에 새로운 소유권 이외의 권리 또는 부동산임차권 등을 창설하는 것을 말하므로 소유권의 설정등기는 허용되지 아니한다.

3. '이전'은 권리의 주체가 변경되는 경우를 모두 포함한다.

4. '처분의 제한'이라 함은 소유권 기타의 권리자가 가지는 일정한 처분권능을 제한하는 것을 말하는바, 제한은 반드시 법률에 근거하거나 규정되어 있는 경우에만 할 수 있다. 공유물분할금지의 특약, 전세권양도금지의 특약, 가압류, 가처분, 압류에 의한 처분의 제한, 각종 특별법에 의한 처분의 제한이 있다.

| **꼭 보세요!**

1. 부동산소유권의 일부이전은 가능하나, 1필지의 일부를 분할하지 않는 특정 일부의 이전은 인정되지 않는다. (○)
2. 1필지의 토지의 특정된 일부분에 대한 분할을 선행하지 않으면 지상권을 설정하지 못한다. (×) – 할 수 있다.
3. 1동의 건물을 구분 또는 분할 절차를 밟기 전에도 건물 일부에 대한 전세권설정등기가 가능하다. (○)
4. 건물의 공유지분에 대하여는 전세권등기를 할 수 있다. (×) – 할 수 없다.
5. 공유부동산 소유자 중 1인의 지분만에 대한 소유권보존등기를 신청한 경우 그 등기신청은 각하되어야 한다. (○)
6. 소유권의 공유지분에 대하여 저당권을 설정할 수 있다. (○)

🔔 부동산의 일부와 권리의 일부

구분	소유권보존등기	소유권이전등기, 저당권설정등기	지상권, 전세권, 임차권설정등기	지역권설정
부동산의 일부	×	×	○(도면)	승역지 지역권 ○ 요역지 지역권 ×
권리의 일부(지분)	×	○	×	×

제4절 등기의 유효요건과 효력 제26회, 제31회

1 등기의 유효요건

(1) 형식적 유효요건

「부동산등기법」의 절차에 따라 적법하게 행해져야 한다.

① **등기의 존재**: 등기는 물권의 **효력발생요건**이고 효력존속요건이 아니므로 물권에 관한 등기가 원인 없이 말소된 경우에 그 물권의 효력에는 아무런 영향을 미치지 않는다고 봄이 타당하다(대판 81다카923).

② **각하 사유에 해당되지 않을 것**

 ㉠ 법 제29조 제1호(관할 위반), 제2호(사건이 등기할 것이 아닌 경우)에 위반 ⇨ 간과하고 기록되면 ⇨ 절대 무효, 직권말소, 이의신청 ○

 ㉡ 법 제29조 제3호 이하의 사유 위반 ⇨ 간과하고 기록되더라도 ⇨ 실체관계에 부합하면 유효, 이의신청 ×

③ **이중보존등기의 문제**(판례 입장)

이중등기		효력
표제부의 이중등기		실체관계와 부합한 것만 유효
갑구의 중복등기	소유권보존등기명의인이 동일인 ○	먼저 행해진 등기만 유효
	소유권보존등기명의인이 동일인 ×	먼저 행해진 등기 유효(단, 먼저 행해진 등기가 원인무효가 아닐 것!)

(2) 실체적 유효요건

등기는 실체법상 권리관계에 '부합'해야 한다.

① **등기에 부합하는 '실체관계'의 존재**(부동산, 등기명의인, 실체적 권리변동 내지 물권행위)

 ㉠ **시간적 불일치**: 등기가 먼저 행하여진 경우라도 후에 그에 대응하는 물권행위가 있게 되면 유효한 등기로서 물권변동을 가져온다.

 ㉡ 물권행위 후 당사자가 교체된 경우에는 새로운 물권행위가 필요하다.

② **중간생략등기**

 ㉠ 관계당사자 전원의 합의가 있는 경우에는 최종의 취득자는 직접 최초의 양도인에게 등기청구를 할 수 있으나, 동의가 없는 때에는 중간자를 대위하여 중간자명의로 소유권이전등기를 청구할 수 있을 뿐이다.

기출 ✎ 등기는 물권의 존속요건이므로 등기가 원인 없이 말소되면 물권은 상실된다. (×)

기출 ✎ 동일한 건물에 대하여 동일인 명의의 보존등기가 중복된 경우, 후등기를 기초로 하여 제3자 명의의 등기가 경료된 때에는 후등기가 유효하다. (×)

ⓛ 합의가 없을지라도 등기가 이미 경료되었다면 유효성이 인정된다(실체관계에 부합).

ⓒ 이미 유효성이 인정된 등기는 말소 청구하지 못한다.

ⓔ 「부동산등기 특별조치법」에 의한 형사처벌이 가능하나 등기의 효력은 유효하다.

ⓜ 토지거래허가지역 내의 토지를 적법한 허가 없이 중간생략등기한 경우는 매매계약 자체가 무효이므로 그에 따른 중간생략등기도 무효이다(대판 96다3982).

ⓗ 미등기부동산의 최초 소유자가 아닌 양수인이 직접 자기 명의로 보존등기를 하는 '모두생략등기'도 원칙적으로 허용되지 아니하나 이미 경료된 경우 실체관계에 부합하는 한 유효하다.

③ **실제와 다른 등기원인에 의한 등기**: 증여를 매매로 기재하였다고 하더라도 실체관계에 부합하는 한 유효하다.

④ **실체관계와 등기가 후발적으로 부합하게 된 경우**(무효 ⇨ 유효)

㉠ 위조문서에 의한 신청 등 무효인 등기가 경료된 후 등기의무자가 실체관계 또는 등기신청행위의 적법성을 추인한 경우

㉡ 가장매매 등을 원인으로 하여 소유권이전등기가 경료된 후 당사자 간 적법한 매매계약 체결

⑤ **무효등기의 유용**(유효 ⇨ 무효 ⇨ 유효)

㉠ 권리(저당권, 가등기 등)의 등기의 유용은 유용 합의 전에 등기상 이해관계가 없는 경우에 한하여 유효하다.

㉡ 멸실건물의 보존등기는 신축건물의 보존등기로 유용하지 못한다[표제부(사실)의 등기].

2 등기의 효력 제34회

꼭 보세요!

1. 등기의 순서는 등기기록 중 같은 구에서 한 등기는 순위번호에 따르고 다른 구에서 한 등기는 접수번호에 따른다. (○)
2. 대지권에 대한 등기로서의 효력이 있는 등기와 대지권의 목적인 토지의 등기기록 중 해당 구에 한 등기의 순서는 순위번호에 따른다. (×) − 접수번호
3. 등기의 추정력은 부동산표시의 등기에도 인정된다. (×) − 인정되지 않는다.
4. 가등기가 실행되어 있다면 본등기를 할 어떤 법률관계가 있다고 추정된다. (×) − 추정되지 않는다.
5. 전세권이 존속기간의 만료로 소멸한 경우에는 그 전세권설정등기를 말소하지 않고도 후순위로 중복하여 전세권설정등기를 신청할 수 있다. (×) − 할 수 없다.

기출 甲의 미등기부동산을 乙이 매수하여 직접 보존등기를 한 경우 그 등기가 실체관계와 부합하더라도 무효이다. (×)

기출
1. 실체적 권리관계의 소멸로 인하여 무효가 된 담보가등기라도 이해관계 있는 제3자가 있기 전에 다른 채권담보를 위하여 유용하기로 합의하였다면 그 등기는 유효하다. (○)
2. 건물멸실로 무효인 소유권보존등기라도 이해관계 있는 제3자가 있기 전 신축건물에 유용하기로 합의한 경우에는 유효하다. (×)

기출
1. 부동산에 대한 가압류등기와 저당권설정등기 상호간의 순위는 접수번호에 따른다. (○) 제34회
2. 2번 저당권이 설정된 후 1번 저당권 일부이전의 부기등기가 이루어진 경우, 배당에 있어서 그 부기등기가 2번 저당권에 우선한다. (○) 제34회
3. 위조된 근저당권해지증서에 의해 1번 근저당권등기가 말소된 후 2번 근저당권이 설정된 경우, 말소된 1번 근저당권등기가 회복되더라도 2번 근저당권이 우선한다. (×) 제34회
4. '대지권에 대한 등기로서 효력이 있는 등기'와 '대지권의 목적인 토지의 등기기록 중 해당 구에 한 등기'의 순서는 순위번호에 따른다. (×)

(1) 종국등기의 효력

① 권리변동적 효력(= 물권변동적 효력)

② **대항력**(임차권, 환매권, 임의적 기록사항)

> 특별법에 의한 특약사항, 금지사항 등은 원칙적으로 그러한 사항을 등기할
> 수 있다는 법령상의 근거가 있어야만 이를 등기할 수 있다(예규 제1617호).

③ **순위확정적 효력**

㉠ 권리의 순위는 등기의 '순서'에 따른다(등기의 순서는 '동순별접' - 같은 구는 순위번호, 다른 구는 접수번호).

㉡ 부기등기의 순위는 주등기순위, 부기등기 상호간은 그 순서에 따른다.

㉢ 본등기는 가등기의 순위로 소급한다(단, 물권변동은 본등기시).

㉣ 말소회복등기는 종전의 등기와 동일한 순위와 효력을 보유한다.

㉤ '대지권에 대한 등기로서의 효력이 있는 등기'와 '대지권의 목적인 토지의 등기기록 중 해당 구에 한 등기'의 순서는 접수번호에 의한다.

> 접수번호는 대법원예규에서 정하는 바에 따라 전국 모든 등기소를 통합하여 부여하되, 매년 새로 부여하여야 한다(규칙 제22조 제2항).

④ **추정력**

㉠ 어떠한 등기가 있으면 그에 대응하는 실체관계가 존재할 것으로 추정되는 효력이다.

㉡ 등기의 추정력은 학설, 판례상 인정되며 명문규정이 있는 것은 아니다.

㉢ 등기의 추정력은 권리의 등기에 대해서만 인정되며, 사실의 등기에는 추정력이 없다.

㉣ 등기의 추정력은 반대의 증거(본증)에 의하여 깨어지나 당사자의 단순한 주장만으로는 그 추정력이 깨어지지 않는다. 입증책임은 등기의 추정력을 다투는 자에게 있다. 즉, 등기의 무효나 권리의 부존재를 주장하는 자가 입증해야 한다.

㉤ 권리의 존재 자체와 그 적법성, 등기원인의 적법성, 등기절차의 적법(중간 생략의 합의, 농지취득자격증명 등), 피담보채권의 존재 등에도 추정력이 미친다.

기출 ✎
1. 乙의 토지에 甲명의의 소유권이전등기청구권 보전을 위한 가등기가 있더라도 甲은 소유권이전등기를 청구할 정당한 법률관계가 있다고 추정되지 않는다. (○)
2. 사망자 명의의 신청으로 마쳐진 이전등기에 대해서는 그 등기의 무효를 주장하는 자가 현재의 실체관계와 부합하지 않음을 증명할 책임이 있다. (×)
⇨ 사망자 명의의 등기는 원칙적으로 무효이므로 등기의 추정력도 인정되지 않는다. 즉, 유효를 주장하는 자가 입증할 책임이 있다. 제32회

ⓗ 권리변동의 당사자 사이의 추정력(소유권이전등기시)도 인정되나 소유권보존등기의 경우에는 그 소유권이 진실하게 보존되어 있다는 사실에 관하여서만 제한적으로 추정력이 인정되는 것이어서 전소유자가 양도사실을 부인하거나 보존등기명의인이 원시취득에 의한 것이 아닌 사실이 밝혀지면 추정력이 인정될 수 없다.

ⓐ 소유권이전등기청구권보전을 위한 가등기가 있다고 하여 소유권이전등기를 청구할 어떤 법률관계가 있다고 추정되지 아니한다.

ⓞ 등기된 부동산에 관해서는 등기의 추정력이 인정되므로 점유의 추정력은 인정되지 않는다.

⑤ **형식적 확정력**(＝ 후등기저지력) : 등기가 존재하고 있는 한 적법한 절차에 따라 말소되기 전에는 동일한 범위에 양립할 수 없는 등기를 실행할 수 없다.

⑥ **점유적 효력**(취득시효기간 단축) : 점유취득시효기간이 20년이고, 등기부취득시효기간은 10년이므로 등기가 10년의 점유기간을 단축하는 효력이 있다.

⑦ **우리나라 학설·판례는 공신력 부정**

구분	진정한 권리자 보호	거래의 안전
등기의 공신력 인정	×	○
등기의 공신력 부정	○	×

(2) 가등기의 효력

① **가등기 자체의 효력** : 실체법상 효력인 물권변동적 효력, 추정력, 대항력, 처분금지효력 등이 인정되지 아니한다.

② 본등기 경료 후 순위보전적 효력을 인정하여 본등기의 순위는 가등기시로 소급한다. 다만, 물권변동의 효력은 소급하지 않고 본등기시에 발생한다.

등기소와 설비

제1절 등기소와 등기관 제27회

업무	사유	권한자	기타
관할 등기소의 지정	1개의 부동산이 수개의 등기소의 관할구역에 걸쳐 있는 때	상급법원장	상급법원장에 지정신청(등기소 중 어느 한 곳에 지정신청서를 제출)
관할의 위임	교통사정, 등기사무의 편의	대법원장	관할의 변경 발생
등기사무의 정지	천재지변 등	대법원장	정지기간 중 새로운 등기신청 못함(만약 하면 법 제29조 제2호)
등기관의 지정	법원서기관, 등기사무관, 등기주사, 등기주사보 중에서	지방법원장이나 지원장	등기소장·등기과장 등은 지정이 없더라도 그 보직발령만으로 당연히 등기관이 됨

■■ 참고 |
1. 관할은 대체로 시·군·구를 기준으로 한다.
2. 관할을 위반한 등기신청은 각하 사유이며 간과하고 등기되더라도 절대무효, 직권말소

기출✎ 대법원장은 어느 등기소의 관할에 속하는 사무를 다른 등기소에 위임하게 할 수 있다. (○)

1 부동산이 수개의 등기소의 관할구역에 걸치는 경우(지정 사유)

(1) 토지

지번부여지역이 다른 경우 1필지가 될 수 없으므로 관할 지정대상이 아니다.

(2) 건물

① 건물이 보존등기될 당초부터 수개의 등기소의 관할에 걸치는 경우

② 건물의 증축, 부속건물의 신축 또는 건물의 합병 등으로 인하여 수개 등기소의 관할에 걸치는 경우

③ 단지를 구성하는 여러 동의 건물 중 일부 건물의 대지가 다른 등기소의 관할에 속하는 경우(규칙 제5조 제7항)

🔔 2025 신설 규정

1) 관할 등기소가 다른 여러 개의 부동산과 관련하여 등기목적과 등기원인이 동일하거나 그 밖에 대법원규칙으로 정하는 등기신청이 있는 경우에는 그 중 하나의 관할 등기소에서 해당 신청에 따른 등기사무를 담당할 수 있다.
2) 등기관이 당사자의 신청이나 직권에 의한 등기를 하고 요역지의 지역권 등기, 공동저당(전세)등기 또는 대법원규칙으로 정하는 바에 따라 다른 부동산에 대하여 등기를 하여야 하는 경우에는 그 부동산의 관할 등기소가 다른 때에도 해당 등기를 할 수 있다.
3) 상속 또는 유증으로 인한 등기신청의 경우에는 부동산의 관할 등기소가 아닌 등기소도 그 신청에 따른 등기사무를 담당할 수 있다.
4) 대법원장은 다음 각 호의 어느 하나에 해당하는 경우로서 등기소에서 정상적인 등기사무의 처리가 어려운 경우에는 기간을 정하여 등기사무의 <u>정지를 명령</u>하거나 대법원규칙으로 정하는 바에 따라 등기사무의 처리를 위하여 필요한 <u>처분을 명령</u>할 수 있다.
1. 「재난 및 안전관리 기본법」 제3조제1호의 재난이 발생한 경우
2. 정전 또는 정보통신망의 장애가 발생한 경우
3. 그 밖에 제1호 또는 제2호에 준하는 사유가 발생한 경우

② 등기관의 책임

등기관은 자기책임하에 독립적으로 등기사무를 처리하며 위법·부당한 사건처리에 대하여는 처리자(등기소장이 아님)가 책임을 진다. 그러나 상관의 일반적·행정적 지시나 감독은 받는다.

제2절 | **등기에 관한 장부(물적 설비)** 제27회, 제28회, 제29회

(1) 일반 등기기록

> **법 제15조【물적 편성주의】** ① 등기부를 편성할 때에는 1필의 토지 또는 1개의 건물에 대하여 1개의 등기기록을 둔다. 다만, 1동의 건물을 구분한 건물에 있어서는 1동의 건물에 속하는 전부에 대하여 1개의 등기기록을 사용한다.
> ② 등기기록에는 부동산의 표시에 관한 사항을 기록하는 표제부와 소유권에 관한 사항을 기록하는 갑구(甲區) 및 소유권 외의 권리에 관한 사항을 기록하는 을구(乙區)를 둔다.

① 토지등기기록의 표제부에는 표시번호란, 접수란, 소재지번란, 지목란, 면적란, 등기원인 및 기타사항란을 두고, 건물등기기록의 표제부에는 표시번호란, 접수란, 소재지번 및 건물번호란, 건물내역란, 등기원인 및 기타사항란을 둔다.

② 갑구와 을구에는 순위번호란, 등기목적란, 접수란, 등기원인란, 권리자 및 기타사항란을 둔다.

(2) 구분건물등기기록

① 구분건물등기기록에는 1동의 건물에 대한 표제부를 두고 전유부분마다 표제부, 갑구, 을구를 둔다.

② 1동의 건물의 표제부에는 표시번호란, 접수란, 소재지번 · 건물명칭 및 번호란, 건물내역란, 등기원인 및 기타사항란을 두고, 전유부분의 표제부에는 표시번호란, 접수란, 건물번호란, 건물내역란, 등기원인 및 기타사항란을 둔다 (소재, 지번 ×).

③ 다만, 구분한 각 건물 중 대지권이 있는 건물이 있는 경우에는 1동의 건물의 표제부에는 대지권의 목적인 토지의 표시를 위한 표시번호란, 소재지번란, 지목란, 면적란, 등기원인 및 기타사항란을 두고,

④ 전유부분의 표제부에는 대지권의 표시를 위한 표시번호란, 대지권종류란, 대지권비율란, 등기원인 및 기타사항란을 둔다.

기출
1. 구분건물등기기록에는 표제부를 1동의 건물에 두고, 전유부분에는 갑구와 을구만 둔다. (×)
2. 전유부분의 등기기록의 표제부에는 건물번호를 기록한다. (○)
3. 대지권이 있는 경우, 1동의 건물의 등기기록의 표제부에 대지권의 목적인 토지의 표시에 관한 사항을 기록한다. (○)
4. 대지권의 표시에 관한 사항은 전유부분의 등기기록 표제부에 기록하여야 한다. (○) 제34회

제3절 구분건물의 등기 제27회, 제28회, 제29회, 제31회, 제34회

꼭 보세요!

1. 구조상·이용상 독립성이 있는 건물을 소유한 자는 그 건물을 구분건물로서 등기하여야 한다. (×) − 하여야 하는 것은 아니다.

2. 구분건물의 등기용지(기록)는 1동 전체를 표시하는 표제부와 개개의 구분건물에 대한 갑구 및 을구로 편성되어 있다. (×) − 표제부와 갑구 및 을구

3. 대지권이 있는 경우, 1동의 건물의 등기기록의 표제부에 대지권의 목적인 토지의 표시에 관한 사항을 기록한다. (○)

4. 집합건물의 등기기록에 대지권의 등기를 한 경우 등기관은 그 권리의 목적인 토지의 등기기록 중 해당 구에 대지권이라는 뜻을 직권으로 등기하여야 한다. (○)

5. 규약상 공용부분을 등기하는 경우에는 그 등기기록 중 표제부에 공용부분이라는 뜻을 기록하고 각 구의 소유권과 그 밖의 권리에 관한 등기를 말소하는 표시를 하여야 한다. (○)

6. 집합건물의 규약상 공용부분에 대해 공용부분이라는 뜻을 정한 규약을 폐지한 경우, 공용부분의 취득자는 지체 없이 소유권이전등기를 신청해야 한다. (×) − 소유권보존등기

7. 대지권을 등기한 건물에 관하여 그 건물만의 소유권이전등기도 가능하다. (×) − 할 수 없다.

8. 대지권인 뜻의 등기가 된 토지에 대하여는 그 토지만의 저당권을 허용할 수 없다. (○)

9. 대지권을 등기한 건물의 등기기록에는 그 건물만에 관한 전세권설정등기를 할 수 있다. (○)

10. 구분건물로서 그 대지권의 변경이 있는 경우에는 구분건물의 소유권의 등기명의인은 1동의 건물에 속하는 다른 구분건물의 소유권의 등기명의인을 대위하여 그 변경등기를 신청할 수 있다. (○)

(1) 구분건물의 의의

① 1동의 건물을 구분하여 개별의 부동산으로 취급되는 건물부분을 구분건물이라 한다.

② 구조상 독립성(다른 건물과 완전히 차단)과 이용상 독립성(독립출입구존재)을 갖추어야 한다.

> 단, '벽에 의하여 물리적으로 분리되지 않은 평면매장도 일정한 요건을 갖춘 경우에는 구분소유권등기를 할 수 있다.' 즉, 상가건물의 경우에는 구조상 독립성이 미흡하더라도 이용상의 독립성이 있으면 구분소유권의 객체로 인정하고 있다(「집합건물의 소유 및 관리에 관한 법률」 제1조의2 제1항).

③ 구조상·이용상 독립성을 갖추었더라도 각 건물부분을 구분소유권의 객체로 하려는 구분행위가 있어야 완전한 구분건물이다. ⇨ 따라서, 구분건물로 될 수 있는 객관적 요건을 갖춘 경우에도 건물 소유자는 일반건물로 등기할 수 있다.

④ **구분건물의 구성**(전유부분과 공용부분을 분리하여 처분할 수 없다)

㉠ 전유부분: 등기 가능

㉡ 공용부분

　├ 구조상(성질상) 공용부분: 등기 ×

　└ 규약상 공용부분: 등기 ○(표제부에 공용부분이라는 뜻, 공용자 범위를 등기)

[심화] **규약상 공용부분** 제27회, 제31회

1. 공용부분(共用部分)이라는 뜻의 등기는 소유권의 등기명의인이 단독신청

2. 등기관이 그 등기기록 중 표제부에 공용부분이라는 뜻을 기록

3. 갑구와 을구를 말소(소유권 이외의 권리가 있는 경우 승낙서 첨부)

4. 공용부분의 뜻을 정한 규약 폐지시 취득자가 소유권보존등기를 단독신청
⇨ 등기관은 소유권보존등기를 하였을 때에는 공용부분이라는 뜻의 등기를 말소하는 표시를 하여야 한다.

---

(2) 구분건물의 등기

① **1동의 건물에 속하는 구분건물 중 일부만에 관한 소유권보존등기 신청시**: 나머지 구분건물에 관하여 표시에 관한 등기 동시신청, 대위신청

② **신축으로 구분건물이 되는 경우 그 소유권보존등기 신청시**: 나머지 건물의 표시에 관한 등기(표시변경등기) 동시신청, 대위신청

∷ 참고 │ 구분건물에 대하여는 전유부분마다 부동산 고유번호를 부여한다.

[기출]

1. 구분건물의 요건을 갖춘 1동의 건물 전체를 일반건물로 등기할 수 없다. (×)

2. 규약상 공용부분은 등기부에 공용부분이라는 뜻을 기록하여야 한다. (○)

3. 규약상 공용부분을 등기하는 경우에는 갑구와 을구는 두지 않고 표제부만 둔다. (○)

4. 집합건물의 규약상 공용부분은 일정한 요건을 갖춘 경우 전유부분으로 소유권보존등기를 할 수 있다. (○)

5. 집합건물의 규약상 공용부분에 대해 공용부분이라는 뜻을 정한 규약을 폐지한 경우, 공용부분의 취득자는 지체 없이 소유권보존등기를 신청해야 한다. (○)

6. 규약에 따라 공용부분으로 등기된 후 그 규약이 폐지된 경우, 그 공용부분 취득자는 소유권이전등기를 신청하여야 한다. (×) 제31회, 제34회

[기출]

1. 1동의 건물에 속하는 구분건물 중의 일부만에 관하여 소유권보존등기를 신청하는 경우에는 그 나머지 구분건물에 관하여는 표시에 관한 등기를 동시에 신청하여야 한다. (○) 제34회

2. 1동의 건물을 구분한 건물에 있어서는 1동의 건물에 속하는 전부에 대하여 1등기기록을 사용한다. (○)

③ 등기기록

> ㉠ 1동 건물 전부 – 1개의 등기기록[1동 전체 표제부]
>
> ㉡ 전유부분마다 – [표제부] 및 각 구([갑구], [을구])를 둔다.
>
> ㉢ 등기사항증명서 발급시(또는 열람시) : [1동의 건물 표제부]와 '해당'
> (전체 ×) 전유부분에 관한 등기기록을 1등기기록으로 본다.

(3) 대지권에 관한 등기

① **대지사용권** : 구분건물이 대지를 사용하는 권리(소유권, 지상권, 전세권, 임차권)

② **대지권** : 건물과 분리하여 처분할 수 없는 대지사용권

③ **대지권의 등기와 대지권인 뜻의 등기**

등기기록		대지권등기와 대지권인 뜻의 등기	
건물 등기기록	1동 전체 표제부	대지권의 목적인 토지의 표시	신청
	전유부분 표제부	대지권의 표시(대지권의 종류, 비율)	
토지 등기기록	갑구 또는 을구	대지권인 뜻(취지)의 등기	직권

┗→ 대지권이 지상권, 전세권, 임차권일 때
┗→ 대지권이 소유권일 때

④ **전유부분과 대지사용권의 일체성**

㉠ 대지권등기 이후에는 구분건물의 등기용지에만 등기하면 대지권에도 효력 미침

㉡ 건물등기부와 토지등기부의 이원화라는 「부동산등기법」상 문제점 보완

㉢ 분리처분금지의 등기

구분	건물등기부	토지등기부	
		대지권이 소유권	대지권이 지상권, 전세권, 임차권
금지되는 등기	건물만 소유권이전, 저당권설정등기	토지만 소유권이전등기, 저당권설정등기	지상권, 전세권, 임차권의 이전등기, 지상권, 전세권 목적 저당권설정등기
허용되는 등기	건물만 전세권, 임차권등기	지상권, 전세권, 임차권, 지역권설정등기	소유권이전등기, 저당권설정등기

기출 ✎

1. 대지권을 등기한 후에 한 건물의 권리에 관한 등기는 건물만에 관한 것이라는 뜻의 부기등기가 없으면 대지권에 대하여 동일한 등기로서 효력이 있다. (○)

2. 건물의 등기기록에 대지권의 등기를 한 때에는 그 권리의 목적인 토지의 등기기록에 대지권이라는 뜻을 등기하여야 한다. (○)

3. 대지권등기를 하였을 경우, 1동 건물의 등기기록의 표제부에 소유권이 대지권이라는 뜻의 등기를 기록한다. (×)

4. 대지권에 대한 전세권설정등기는 하지 못한다. (○)

5. 대지권을 등기한 건물의 등기기록에는 그 건물만에 관한 전세권설정등기를 할 수 있다. (○)

6. 대지권등기를 하기 전 토지에 설정된 저당권의 실행으로 인한 경매신청등기와 이에 따른 소유권이전등기는 처분의 일체성이 적용되지 않아 허용된다. (○)

7. (갑구에) 대지권인 뜻의 등기가 된 토지에 대하여는 그 토지만의 저당권을 허용할 수 없다. (○)

8. 대지권을 등기한 건물에 관하여 그 건물만의 소유권이전등기도 가능하다. (×)

⑤ **일체성의 예외적 처리**

㉠ 대지권 등기 전 토지만에 관한 등기가 있는 때: 건물 등기기록 전유부분 표제부에 '토지 등기기록에 별도의 등기가 있다'는 취지를 기록(직권등기)

㉡ 대지권 등기 전에 건물에 관하여 소유권이전청구권가등기, 압류등기, 저당권등기 등이 있는 때에는 건물 등기기록 갑구 또는 을구에 '건물만에 관한 취지'를 부기등기(직권등기)

㉢ 대지권등기 전에 건물과 토지에 창설적 공동저당이 있었던 경우 대지권등기가 이루어지면 토지등기용지의 저당권등기는 불필요하므로 직권말소

> **제94조의2【대지권이 있는 구분건물에 대한 직권에 의한 표시변경등기 등】** ① 등기관이 구분건물의 대지권의 목적인 토지의 등기기록에 법 제34조의 등기사항에 관한 변경이나 경정의 등기를 마쳤을 때에는 1동의 건물의 표제부 중 대지권의 목적인 토지의 표시에 관하여 변경 또는 경정된 사항의 등기를 직권으로 하여야 한다.
> ② 등기관이 구분건물의 대지권의 목적인 토지의 등기기록에 분필, 합필등기를 마치거나 그 등기가 토지대장이나 임야대장과 일치하지 않아 이를 경정하기 위한 등기를 마쳤을 때에는 직권으로 1동의 건물의 표제부 중 대지권의 목적인 토지의 표시와 전유부분의 표제부 중 대지권의 표시에 관하여 변경 또는 경정된 사항의 등기를 하여야 한다.
> ③ 등기관은 구분건물에 대한 소유권이전등기를 할 때에 구분건물의 등기기록 중 대지권의 목적인 토지의 표시와 토지 등기기록의 부동산의 표시가 일치하지 아니한 경우 먼저 직권으로 제1항 또는 제2항에 따른 표시의 변경 또는 경정등기를 하여야 한다.
> ④ 제1항부터 제3항까지의 규정에 따라 직권에 의한 표시의 변경이나 경정등기가 되어 있지 않은 건물에 대하여 멸실등기의 신청이 있는 경우 등기관은 먼저 직권으로 제1항부터 제3항까지의 규정에 따른 표시의 변경 또는 경정등기를 하여야 한다.

(4) 폐쇄등기부 제33회

① **의의**

㉠ 등기관이 등기기록에 등기된 사항을 새로운 등기기록에 옮겨 기록한 때에는 종전 등기기록을 폐쇄(閉鎖)하여야 한다.

㉡ 등기기록을 폐쇄할 때에는 표제부의 등기를 말소하는 표시를 하고, 등기원인 및 기타사항란에 폐쇄의 뜻과 그 연월일을 기록하여야 한다.

② **폐쇄 사유**

㉠ 합필등기를 한 경우

㉡ 甲건물을 乙건물의 부속건물로 한 경우에 甲건물의 등기용지를 폐쇄

㉢ 멸실등기를 하는 경우

㉣ 보존등기를 말소하는 경우에는 등기용지 전부를 폐쇄

㉤ 중복등기를 말소하는 경우나 토지에 대한 중복등기를 정리하는 경우

기출
1. 등기관이 등기기록의 전환을 위해 등기기록에 등기된 사항을 새로운 등기기록에 옮겨 기록한 때에는 종전 등기기록을 폐쇄해야 한다. (○) 제33회
2. A토지를 B토지에 합병하여 등기관이 합필등기를 한 경우 A토지에 관한 등기기록을 폐쇄해야 한다. (○)

기출
1. 폐쇄한 등기기록은 영구히 보존해야 한다. (○)
2. 폐쇄한 등기기록에 대해서는 등기사항의 열람은 가능하지만 등기사항증명서의 발급은 청구할 수 없다. (×) 제32회
3. 폐쇄된 등기기록에 기록되어 있는 등기사항에 관한 경정등기는 할 수 없다. (○) 제32회
   ⇨ 현재 등기로서의 효력이 없는 폐쇄된 등기는 원칙적으로 경정등기의 대상이 되지 않는다.

③ **폐쇄등기의 효력**

    ㉠ 현재 등기로서의 효력(추정력 등) ×, 잠정적 효력 ○

    ㉡ 폐쇄한 등기기록은 영구히 보존하여야 한다.

    ㉢ 폐쇄한 등기기록에 관하여는 등기사항 열람과 증명에 관한 규정을 준용한다.

(5) **장부의 보관 및 반출** 제25회, 제27회, 제33회

① 등기부는 영구(永久)히 보존하여야 한다.

② 등기부는 대법원규칙으로 정하는 장소에 보관·관리하여야 하며, 전쟁·천재지변이나 그 밖에 이에 준하는 사태를 피하기 위한 경우 외에는 그 장소 밖으로 옮기지 못한다.

③ 등기부의 부속서류는 전쟁·천재지변이나 그 밖에 이에 준하는 사태를 피하기 위한 경우 외에는 등기소 밖으로 옮기지 못한다. 다만, 신청서나 그 밖의 부속서류에 대하여는 법원의 명령 또는 촉탁(囑託)이 있거나 법관이 발부한 영장에 의하여 압수하는 경우에는 그러하지 아니하다.

④ **기타 장부의 보존**

    ㉠ 신탁원부, 공동담보(전세)목록, 도면 및 매매목록은 보조기억장치에 저장하여 영구적으로 보존하여야 한다. 이 경우 서면으로 작성되어 등기소에 제출된 도면은 이를 전자적 이미지정보로 변환하여 보존한다.

    ㉡ 전자신청의 방법으로 등기가 이루어진 경우 신청정보 및 첨부정보는 보조기억장치에 저장하여 보존하여야 한다. 등기신청이 취하된 경우 그 취하정보는 보조기억장치에 저장하여 보존하여야 한다.

> **참고 | 등기기록 등의 보존기간**
>
> 1. 신탁원부 : 영구
>
> 2. 공동담보(전세)목록 : 영구
>
> 3. 도면 : 영구
>
> 4. 매매목록 : 영구
>
> 5. 신청정보 및 첨부정보와 취하정보 : 5년(해당 연도의 다음 해부터 기산한다)

기출
1. 등기소에 보관 중인 등기신청서는 법관이 발부한 영장에 의해 압수하는 경우에도 등기소 밖으로 옮기지 못한다. (×)
2. 등기부는 법관이 발부한 영장에 의하여 압수하는 경우에는 대법원규칙으로 정하는 보관·관리장소 밖으로 옮길 수 있다. (×) 제33회

기출
1. 제공된 신청정보와 첨부정보는 영구 보존하여야 한다. (×)
2. 등기부는 영구(永久)히 보존해야 한다. (○) 제33회
3. 등기관이 등기를 마쳤을 때는 등기부부본자료를 작성해야 한다. (○) 제33회

(6) 장부의 공개 제27회, 제33회

① 등기기록의 열람과 증명

ⓐ 누구든지 수수료를 내고 등기기록에 기록되어 있는 사항의 전부 또는 일부의 열람(閱覽)과 이를 증명하는 등기사항증명서의 발급을 청구할 수 있다. 다만, 등기기록의 부속서류에 대하여는 이해관계 있는 부분만 열람을 청구할 수 있다.

ⓑ 등기기록의 열람 및 등기사항증명서의 발급 청구는 관할 등기소가 아닌 등기소에 대하여도 할 수 있다.

② 열람 및 증명서 발급신청

ⓐ 대리인이 신청서나 그 밖의 부속서류의 열람을 신청할 때에는 신청서에 그 권한을 증명하는 서면을 첨부하여야 한다.

ⓑ 전자문서로 작성된 신청서나 그 밖의 부속서류의 열람신청은 관할 등기소가 아닌 다른 등기소에서도 할 수 있다.

③ 열람 및 등기사항증명서 발급방법

ⓐ 신탁원부, 공동담보(전세)목록, 도면 또는 매매목록은 그 사항의 증명도 함께 신청하는 뜻의 표시가 있는 경우에만 이를 포함하여 등기사항증명서를 발급하거나 열람하게 한다.

ⓑ 신청서나 그 밖의 부속서류의 열람은 등기관 또는 그가 지정하는 직원이 보는 앞에서 하여야 한다. 다만, 인터넷을 이용하여 열람하는 경우 또는 등기소에 방문하여 전자문서를 열람하는 경우에는 전자적 방법으로 그 내용을 보게 하거나 그 내용을 기록한 서면을 교부하는 방법으로 한다

ⓒ 구분건물에 대한 등기사항증명서의 발급과 열람에 관하여는 1동의 건물의 표제부와 해당 전유부분에 관한 등기기록을 1개의 등기기록으로 본다.

등기절차 총론

---

1 신청, 촉탁, 직권, 명령

(1) 촉탁등기 제28회, 제31회, 제32회,제35회

① 등기는 법률에 다른 규정이 있는 경우를 제외하고 당사자의 신청 또는 관공 서(국가 또는 지방자치단체)의 촉탁이 없으면 이를 하지 못한다.

② 국가 또는 지방자치단체가 아닌 '공사' 등은 등기촉탁에 관한 특별규정이 있 는 경우에 한하여 등기촉탁을 할 수 있다(예규 제1440호).

③ **촉탁등기의 예**

  ㉠ 국가(또는 지방자치단체)가 등기권리자인 경우 등기의무자의 승낙을 받아 촉탁

  ㉡ 국가(또는 지방자치단체)가 등기의무자인 경우 등기권리자의 청구에 따라 촉탁

  ㉢ 관공서 체납처분으로 인한 압류등기 촉탁시 대위에 의한 권리이전등기 촉탁

  ㉣ 경락(매각)에 의한 소유권이전등기 촉탁

  ㉤ 처분제한등기(가압류, 가처분, 경매개시결정 등) 촉탁

  ㉥ 임차권등기명령제도에 의한 임차권등기 촉탁

  ㉦ 관공서가 등기권리자인 경우 수용으로 인한 소유권이전등기 촉탁

  ㉧ 관공서가 공매처분을 한 경우에 등기권리자의 청구를 받으면 지체 없이 공매처분으로 인한 권리이전의 등기를 등기소에 촉탁

④ **촉탁등기의 특징**

  ㉠ 촉탁에 의하지 않고 일반원칙에 따른 공동신청 가능

    ⬢ 단, 관공서 또는 법원의 촉탁으로 실행되어야 할 등기를 신청한 경우 : 법 제29조 제2호의 '사건이 등기할 것이 아닌 경우'에 해당

  ㉡ 우편으로 가능(출석의무의 예외)

  ㉢ 검인 불요, 등기필정보 제공 불요, 관공서가 등기의무자인 경우 인감증명 제출 불요

Tip ① 관공서가 권리관계의 당 사자로서 등기를 촉탁하는 경우와 ② 공권력 행사의 주체로서 등기를 촉탁하는 경우로 나눌 수 있으며, ①의 경우는 공동신청에 따를 수도 있으나 ②의 경우로 촉탁으로 실행 되어야 할 등기를 신청한 경우는 사건이 등기할 것이 아닌 경우에 해당하여 각하하여야 한다.

기출 공동신청을 해야 할 경우, 등기권리자가 지방자치단체인 때 에는 등기의무자의 승낙이 없더라 도 해당 등기를 등기소에 촉탁해야 한다. (×)

참고

관공서인 등기의무자	⇨	등기 권리자

(필×, 인×)

등기 의무자	⇨	관공서인 등기권리자

(필×, 인○)

ㄹ 관공서가 등기촉탁을 하는 경우에는 등기기록과 대장상의 부동산의 표시가 부합하지 아니하더라도 그 등기촉탁을 수리하여야 한다.

ㅁ 촉탁에 의한 등기완료 후 등기필정보는 작성하지 아니하나, 등기권리자를 위하여 촉탁한 경우에는 등기필정보를 작성하여 관공서 또는 등기권리자에게 교부한다.

ㅂ 관공서가 체납처분(滯納處分)으로 인한 압류등기(押留登記)를 촉탁하는 경우에는 등기명의인 또는 상속인, 그 밖의 포괄승계인을 갈음하여 부동산의 표시, 등기명의인의 표시의 변경, 경정 또는 상속, 그 밖의 포괄승계로 인한 권리이전(權利移轉)의 등기를 함께 촉탁할 수 있다

🔎 가처분등기 예시

[갑구]	(소유권에 관한 사항)			
순위번호	등기목적	접수	등기원인	권리자 및 기타사항
1	소유권보존	2004년 5월 4일 제3541호		소유자 유재석
2	가처분	2012년 5월 23일 제5263호	2012년 5월 12일 서울중앙지방법원의 가처분결정 (2012카합200)	피보전권리 소유권이전등기청구권 채권자 박명수 681010-******* 서울특별시 관악구 금지사항 양도, 담보권 설정 기타 일체의 처분행위의 금지
3	소유권이전	2012년 6월 5일	2010년 6월 1일 매매	김구라
4	3번 소유권이전말소	2014년 8월 17일 제###호	가처분에 의한 실효	
5	소유권이전	2014년 8월 17일 제###호	서울중앙지방법원의 확정판결	소유자 박명수
6	2번 가처분말소			가처분의 목적달성으로 인하여 2014년 8월 17일 등기
7	소유권이전	2015년 ####	(생략)	소유자 정형돈

기출
1. 관공서가 경매로 인하여 소유권이전등기를 촉탁하는 경우, 등기기록과 대장상의 부동산의 표시가 부합하지 않은 때에는 그 등기촉탁을 수리할 수 없다. (×) 제32회
2. 등기의무자인 관공서가 등기권리자의 청구에 의하여 등기를 촉탁하는 경우, 등기의무자의 권리에 관한 등기필정보를 제공할 필요가 없다. (○) 제32회
3. 등기권리자인 관공서가 부동산 거래의 주체로서 등기를 촉탁할 수 있는 경우라도 등기의무자와 공동으로 등기를 신청할 수 있다. (○) 제32회

참고 | 가처분등기 견본은 실제 양식과 차이가 있을 수 있으며, 학습목적으로 가공된 것으로서 모두 실제 내용이 아님을 참고한다.

심화 가처분에 기한 소유권이전(말소)등기절차 제25회

구분	가처분 권리자가 본안승소로 소유권이전, 말소 또는 설정의 등기를 단독신청하는 경우
가처분등기 이후에 된 등기로서 가처분채권자의 권리를 침해하는 등기의 말소	단독신청으로 말소
그 가처분등기의 말소	직권으로 말소

법 제94조【가처분등기 이후의 등기 등의 말소】 ①「민사집행법」제305조 제3항에 따라 권리의 이전, 말소 또는 설정등기청구권을 보전하기 위한 처분금지가처분등기가 된 후 가처분채권자가 가처분채무자를 등기의무자로 하여 권리의 이전, 말소 또는 설정의 등기를 신청하는 경우에는, 대법원규칙으로 정하는 바에 따라 그 가처분등기 이후에 된 등기로서 가처분채권자의 권리를 침해하는 등기의 말소를 단독으로 신청할 수 있다.
② 등기관이 제1항의 신청에 따라 가처분등기 이후의 등기를 말소할 때에는 직권으로 그 가처분등기도 말소하여야 한다. 가처분등기 이후의 등기가 없는 경우로서 가처분채무자를 등기의무자로 하는 권리의 이전, 말소 또는 설정의 등기만을 할 때에도 또한 같다.
③ 등기관이 제1항의 신청에 따라 가처분등기 이후의 등기를 말소하였을 때에는 지체 없이 그 사실을 말소된 권리의 등기명의인에게 통지하여야 한다.

(2) 신청의무 제25회

① 「부동산등기법」상 등기신청의무

㉠ 토지의 분할, 합병, 멸실, 면적 또는 지목 등의 변경이 있을 때에는 그 토지 소유권의 등기명의인은 그 사실이 있는 때부터 1개월 이내에 그 등기를 신청하여야 한다(법 제35조)(과태료 ×).

㉡ 건물의 분할, 구분, 합병, 멸실, 건물번호·종류·구조의 변경, 그 면적의 증감 등의 사유가 있을 때에는 그 건물 소유권의 등기명의인은 그 사실이 있는 때부터 1개월 이내에 등기를 신청하여야 한다(법 제41조)(과태료 ×). 다만, 존재하는 건물이 멸실된 경우에 그 소유권의 등기명의인이 1개월 이내에 그 등기를 신청하지 아니하면 그 건물대지의 소유자가 대위하여 그 등기를 신청할 수 있다.

㉢ 존재하지 아니하는 건물에 대한 등기가 있는 때에는 그 소유권의 등기명의인은 지체 없이 그 건물의 멸실등기를 신청하여야 한다.

② 「부동산등기 특별조치법」상 등기신청의무

　㉠ 소유권보존등기 : (원칙적으로) 의무 없음

> 단, 미등기부동산을 소유권이전하는 계약 체결시 60일 이내 보존등기의무
> (과태료 − 등록세액 5배 이하 상당)
>
> ⓐ 계약 체결 전 이미 보존등기 가능했던 경우 : 계약체결일로부터 60일
>
> ⓑ 계약 체결 후 보존등기를 할 수 있게 된 경우 : 등기신청가능일로부터
> 　60일

　㉡ 소유권이전등기 : 신청의무 있음(과태료 − 등록세액 5배 이하 상당)

> ⓐ 쌍무계약 : 반대급부이행일로부터 60일 이내
>
> ⓑ 편무계약 : 계약효력발생일로부터 60일 이내

(3) 신청주의의 예외

① 직권에 의한 등기(등기관)

소유권보존등기	㉠ 미등기부동산에 관하여 처분제한등기 촉탁시 ㉡ 미등기주택에 관하여 임차권등기명령 촉탁시
경정등기	등기관의 과오를 원인으로 한 경정등기(직권경정등기, 사후보고 사후통지)
변경등기	㉠ 소유권이전등기시 주소증명서면으로 명백한 경우 ㉡ 대장소관청의 불부합통지에 의한 표시변경등기 ㉢ 행정구역 또는 그 명칭변경이 있는 경우
말소등기	㉠ 법 제29조 제1호, 제2호에 해당하는 등기가 기재되어 있는 경우 ㉡ 환매권 행사 후 환매특약등기의 말소등기 ㉢ 수용으로 인한 소유권이전등기 후 각종 등기의 말소 ㉣ 말소등기시 승낙서를 첨부한 이해관계 있는 제3자의 권리의 말소등기 ㉤ 가등기에 기한 본등기를 하는 경우의 중간처분등기의 말소 ㉥ 가처분권리자의 소유권(이전)말소등기 경료시 해당 가처분등기의 말소

말소회복	직권으로 말소한 경우는 회복도 직권말소회복
지역권	승역지에 지역권등기를 한 경우 요역지등기부에 하는 지역권등기
추가담보	추가공동담보설정등기를 하는 경우에 종전등기에 하는 공동담보 취지의 등기
대지권인 뜻의 등기	대지권의 목적인 토지의 등기기록 해당 구에 대지권인 뜻의 등기(직권, 주등기)

② **법원의 명령에 의한 등기**: 관할 지방법원은 이의에 대하여 이유를 붙여 결정을 하여야 한다. 이 경우 이의가 이유 있다고 인정하면 등기관에게 그에 해당하는 처분을 명령(명령등기)하고 그 뜻을 이의신청인과 등기상 이해관계 있는 자에게 알려야 한다(결정 전에는 가등기명령 또는 이의 있다는 취지의 부기등기명령 가능).

🔎 Tip **이의신청**
1. 이의신청 : 관할 지방법원
2. 이의신청서 제출 : 등기소
3. 이의신청 기간 : 제한 없음
4. 이의신청으로 집행정지되는 효력 없음

2 등기명의인(등기신청적격, 등기신청의 당사자능력)

제26회, 제27회, 제28회, 제29회, 제31회, 제32회, 제33회, 제34회

> **꼭 보세요!**
>
> 1. 사립대학교는 설립주체를 불문하고 학교 명의로 등기를 신청한다. (✕) – 학교 ✕
> 2. 「민법」상 조합은 등기능력이 없는 것이므로 이러한 조합 자체를 채무자로 표시하여 근저당권설정등기를 할 수는 없다. (○)
> 3. 법인 아닌 사단은 그 사단의 명의로 대표자나 관리인이 등기를 신청한다. (○)
> 4. 종중 명의로의 소유권이전등기를 신청하는 경우, 종중의 대표자가 등기권리자이다. (✕) – 대표자가 아닌 종중이 등기권리자이다.
> 5. 법인 아닌 사단 A 명의의 부동산에 관해 A와 B의 매매를 원인으로 이전등기를 신청하는 경우, 특별한 사정이 없는 한 A의 사원총회 결의가 있음을 증명하는 정보를 제출하여야 한다. (○)
> 6. 법인 아닌 사단이 등기를 신청하는 경우 대표자의 주소 및 주민등록번호를 증명하는 정보와 정관이나 그 밖의 규약의 정보를 첨부정보로 제공하여야 한다. (○)

기출✎
1. 외국인은 법령이나 조약의 제한이 없는 한 자기 명의로 등기신청을 하고 등기명의인이 될 수 있다. (○) 제32회
2. 지방자치단체와 같은 공법인은 직접 자신의 명의로 등기를 신청할 수 없다. (✕)
3. 법인 아닌 사단은 그 사단의 명의로 대표자나 관리인이 등기를 신청할 수 있다. (○)
제32회, 제34회
4. 아파트입주자대표회의의 명의로 그 대표자 또는 관리인이 등기를 신청할 수 없다. (✕)
5. 종중 명의로의 소유권이전등기를 신청하는 경우, 종중의 대표자가 등기권리자이다. (✕)

(1) 자연인

유아 ○(태아 ✕), 외국인 ○, 제한능력자 ○

(2) 법인 ○ (공법인, 사법인, 영리법인, 비영리법인, 사단법인, 재단법인 불문)

① **국가, 지방자치단체**(시·도 / 시·군·구) : 공법인이므로 그 이름으로 등기 가능

② **특별법상 조합**(재건축조합, 농업협동조합 등) : 법인이므로 그 이름으로 등기 가능

🔎 Tip 특별법상 조합(재건축조합, 농업협동조합 등)은 법인이므로 그 이름으로 등기 가능

(3) 권리능력 없는 사단 · 재단(종중, 교회, 정당, 자연부락, 아파트입주자대표회의 등) ○

> ① 권리능력 없음(= 법인 아님), 그러나 등기명의인 될 수 있음
>
> ② 등기는 그 비법인사단 또는 재단의 명의로 함(신청은 그 대표자나 관리인이 함을 주의)
>
> ③ 등기부에는 그 비법인사단 또는 재단의 명칭과 주소, 등록번호를 기록하고, 그 대표자나 관리인의 성명, 주소, 등록번호도 기록한다.

> **보충** 비법인사단이나 재단의 등기
>
> 1. 법인 아닌 사단 · 재단의 등기신청시 제공하여야 하는 첨부정보
>   ① 정관이나 그 밖의 규약
>   ② 대표자나 관리인임을 증명하는 정보(다만, 등기되어 있는 대표자나 관리인이 신청하는 경우에는 그러하지 아니하다)
>   ③ 사원총회 결의가 있음을 증명하는 정보(법인 아닌 사단이 등기의무자인 경우. 다만, 사원총회 결의에 관한 규정은 임의규정이므로 특별한 사정이 있는 경우에는 제공하지 않을 수 있음)
>   ④ 대표자나 관리인의 주소 및 주민등록번호를 증명하는 정보
>   ⑤ 인감증명(②, ③의 서면에 대한 성년자 2인 이상의 인감증명 – 변호사 또는 법무사가 대리한 경우는 그 기명날인으로 갈음 가능)
>
> 2. 비법인사단으로서의 자연부락
>   이태원리(里)의 행정구역 내에 거주하는 주민들이 그들의 공동편익과 복지를 위하여 주민 전부를 구성원으로 한 공동체로서 이태원동(洞)을 구성하고 행정구역과 동일한 명칭을 사용하면서 일정한 재산을 공부상 그 이름으로 소유하여 온 이상 이태원동은 법인 아닌 사단으로서의 당사자능력이 있다(대판 2001다1775).

(4) 태아 ×

판례는 정지조건설을 따르므로, 태아 출생 후 경정등기를 실행한다.

(5) 학교 ×

시설물로서의 학교는 학교 명의로 등기할 수 없다. 따라서 학교법인(사립학교) · 지방자치단체(공립학교) · 국가(국립학교) 명의로 등기한다.

♀ Tip 태아 ×(정지조건설 – 판례)
⇨ 출생 후 경정등기

기출
1. 태아로 있는 동안에는 태아 명의로 대리인이 등기를 신청한다. (×)
2. 사립학교는 설립주체가 누구인지를 불문하고 학교명의로 등기를 신청한다. (×)
3. 사립대학이 부동산을 기증받은 경우, 학교 명의로 소유권이전등기를 할 수 있다. (×) 제34회
4. 「민법」상 조합을 채무자로 표시하여 조합재산에 근저당권설정등기를 할 수 있다. (×) 제32회
5. 「민법」상 조합은 직접 자신의 명의로 등기를 신청한다. (×)
6. 행정조직인 읍, 면은 등기의 당사자능력이 없다. (○) 제32회

(6) 「민법」상 조합 ×

조합원 전원 명의의 합유등기는 가능하지만 조합의 이름으로는 등기할 수 없다.

> **보충** 「민법」상 조합은 등기능력이 없는 것이므로 이러한 조합 자체를 채무자로 표시하여 근저당권설정등기를 할 수는 없다(등기선례 제1-59호).

(7) 읍, 면, 리, 동 ×

지방자치단체가 아니어서 법인이 아니므로 등기신청적격이 인정되지 않는다. 다만, 법인 아닌 사단으로 인정(자연부락)되는 경우는 등기신청적격이 인정될 수 있다.

> **보충** 등기신청행위의 요건
>
> 등기신청행위는 일종의 비송행위이며, 등기신청행위가 유효하게 성립하기 위하여서는 다음의 요건을 갖추어야 한다.
>
> 1. 등기신청인의 등기신청의사(진의) 필요
> 2. 소정의 방식: 법정의 서면 필요 - 법 제29조 제5호 각하 사유
> 3. 등기신청인의 등기신청능력 - 법 제29조 제4호 각하 사유
>
> | 구분 | 등기권리자 | 등기의무자 |
> |---|---|---|
> | 의사능력 | 필요 | 필요 |
> | 행위능력 | 〈불요〉 | 필요 |
>
> ◻ 따라서, 등기권리자나 소유권보존등기신청인과 같이 권리만을 얻게 되는 자는 의사능력이 있으면 미성년자와 같이 행위능력을 갖추지 못한 경우에도 등기신청능력을 인정할 수 있다.

기출 17세인 甲은 소유권보존등기신청에서 등기신청능력을 갖지 않는다. (×)

기출
1. 자신의 토지를 매도한 자는 매수인에 대하여 소유권이전등기의 인수를 청구할 수 있다. (○)
2. 실체법상 등기권리자와 절차법상 등기권리자는 일치하지 않는 경우도 있다. (○)
3. 절차법상 등기의무자에 해당하는지 여부는 등기기록상 형식적으로 판단해야 하고, 실체법상 권리의무에 대해서는 고려해서는 안 된다. (○)
4. 丙의 채무담보를 위하여 甲과 乙이 근저당권설정계약을 체결한 경우, 丙은 근저당권설정등기신청에 있어서 등기신청당사자가 아니다. (○)

3 공동신청주의

(1) 등기권리자와 등기의무자 제30회, 제31회

① **실체법상 등기권리자**: 등기청구권을 갖는 사람

② **절차법상 등기권리자**: 등기기록상 이익을 받게 되는 사람

③ 실체법상 등기권리자·등기의무자와 절차법상 등기권리자·등기의무자는 일반적으로 일치하나, 절차법상 등기의무자가 등기수취(인수)청구권(일종의 등기청구권)을 갖게 되는 경우라면 반대가 된다(따라서, 대체로 일치하나 항상 일치하는 것은 아니다).

(2) 절차법상 등기권리자와 등기의무자

구분	등기의무자	등기권리자
소유권이전등기 (매매)	매도인	매수인
환매특약등기	환매특약부매매의 매수인	환매특약부매매의 매도인
전세권설정등기	전세권설정자	전세권자
전세권말소등기	전세권자	전세권설정자
권리질권	저당권자	권리질권자
지역권	지역권설정자(승역지소유자 등)	지역권자(요역지소유자 등)
가등기에 기한 본등기	가등기의무자(제3취득자 ×)	가등기권리자
소유권이전 후 저당권말소	현재 저당권등기명의인	변제시 : 제3취득자(또는 저당권 설정자 ○)

(3) 공동신청주의의 예외(단독신청) 제28회, 제32회, 제33회,제35회

① **판결** : 이행판결일 것. 단, 형성판결 중 공유물분할판결 포함 제26회, 제29회

> **■ 꼭 보세요! ■**
>
> 1. 승소한 등기권리자가 판결에 의한 등기를 신청하지 않는 경우 패소한 등기의무자도 그 판결에 의한 등기를 신청할 수 있다. (×) − 패소한 자×
> 2. 공유물분할판결을 첨부하여 등기권리자가 단독으로 공유물분할을 원인으로 한 지분이전등기를 신청할 수 있다. (○)
> 3. 등기절차의 이행을 명하는 판결이 확정된 후, 10년이 지난 경우에도 그 판결에 의한 등기신청을 할 수 있다. (○)
> 4. 확정판결에 의하여 등기의 말소를 신청하는 경우, 그 말소에 대하여 등기상 이해관계인이 있는 때에는 그의 승낙서 등을 첨부하여야 한다. (○)

㉠ 판결은 확정판결일 것(화해, 인낙, 조정조서 포함. 단, 공정증서 ×, 가집행선고가 붙은 판결 ×)

㉡ 판결은 확정시기에 무관하게(확정 후 10년 경과한 경우도) 등기신청 가능

㉢ 판결에 의한 단독신청을 할 수 있는 자

　ⓐ 승소한 등기권리자, 승소한 등기의무자(패소한 등기의무자 ×), 승소한 원고의 상속인

　ⓑ 공유물분할판결의 경우 원고·피고 불문하고 단독신청

　ⓒ 대위소송의 제기사실을 안 채무자도 판결에 의하여 직접 단독신청

기출✎ 甲이 자신의 부동산에 설정해 준 乙명의의 저당권설정등기를 말소하는 경우 甲이 절차법상 등기권리자에 해당한다. (○)

기출✎
1. 공동신청이 요구되는 등기라 하더라도 다른 일방의 의사표시를 명하는 이행판결이 있는 경우에는 단독으로 등기를 신청할 수 있다. (○)
2. 이행판결에 의한 등기는 승소한 등기권리자가 단독으로 신청할 수 있다. (○)
3. 乙명의의 전세권등기와 그 전세권에 대한 丙명의의 가압류가 순차로 마쳐진 甲소유 부동산에 대하여 乙명의의 전세권등기를 말소하라는 판결을 받았다고 하더라도 그 판결에 의하여 전세권말소등기를 신청할 때에는 丙의 승낙서 또는 丙에게 대항할 수 있는 재판의 등본을 첨부해야 한다. (○) 제33회

∷참고 | 등기절차의 이행 또는 인수를 명하는 판결에 의한 등기는 승소한 등기권리자 또는 등기의무자가 단독으로 신청하고, 공유물을 분할하는 판결에 의한 등기는 등기권리자 또는 등기의무자가 단독으로 신청한다(법 제23조 제4항).

[🔺보충] 판결에 의한 등기신청(예규 제1383호 참조)

1. 이행판결

① 법 제23조 제4항의 판결은 등기신청절차의 이행을 명하는 이행판결이어야 하며, 주문의 형태는 '○○○등기절차를 이행하라.'와 같이 등기신청 의사를 진술하는 것이어야 한다. 다만, 공유물분할판결의 경우에는 예외로 한다.

② 위 판결에는 등기권리자와 등기의무자가 나타나야 하며, 신청의 대상인 등기의 내용, 즉 등기의 종류, 등기원인과 그 연월일 등 신청서에 기재하여야 할 사항이 명시되어 있어야 한다.

③ 등기신청할 수 없는 판결의 예시

ㄱ 등기신청절차의 이행을 명하는 판결이 아닌 경우

> ⓐ "○○재건축조합의 조합원 지위를 양도하라."와 같은 판결
>
> ⓑ "소유권지분 10분의 3을 양도한다."라고 한 화해조서
>
> ⓒ "소유권이전등기절차에 필요한 서류를 교부한다."라고 한 화해조서

ㄴ 이행판결이 아닌 경우

> ⓐ 매매계약이 무효라는 확인판결에 의한 소유권이전등기의 말소등기 신청
>
> ⓑ 소유권 확인판결에 의한 소유권이전등기의 신청
>
> ⓒ 통행권 확인판결에 의한 지역권설정등기의 신청
>
> ⓓ 재심의 소에 의하여 재심대상 판결이 취소된 경우 그 재심판결로 취소된 판결에 의하여 경료된 소유권이전등기의 말소등기 신청
>
> ⓔ 피고의 주소를 허위로 기재하여 소송서류 및 판결정본을 그곳으로 송달하게 한 사위판결에 의하여 소유권이전등기가 경료된 후 상소심절차에서 그 사위판결이 취소·기각된 경우 그 취소·기각판결에 의한 소유권이전등기의 말소등기 신청

ⓒ 신청서에 기재하여야 할 필수적 기재사항이 판결주문에 명시되지
아니한 경우

> ⓐ 근저당권설정등기를 명하는 판결주문에 필수적 기재사항
> 인 채권최고액이나 채무자가 명시되지 아니한 경우
> ⓑ 전세권설정등기를 명하는 판결주문에 필수적 기재사항인
> 전세금이나 전세권의 목적인 범위가 명시되지 아니한 경우

2. 등기원인과 그 연월일
  ① 이행판결 : 원칙적으로 그 판결주문에 명시된 등기원인과 그 연월일
  을 등기신청서에 기재한다(그러나 판결주문에 명시되어 있지 아니한
  경우 등기신청서에는 등기원인은 '확정판결'로, 그 연월일은 '판결선
  고일'로 기재한다).
  ② 형성판결 : 권리변경의 원인이 판결 자체, 즉 형성판결인 경우 등기신
  청서에는 등기원인은 '판결에서 행한 형성처분'을 기재하고, 그 연월
  일은 '판결확정일'을 기재한다(공유물분할판결의 등기원인은 '공유물
  분할', 그 연월일은 '판결확정일').

② 상속(회사합병)

| 꼭 보세요! |

1. 상속재산의 분할은 상속이 개시된 때에 소급하여 그 효력이 있다. 따라서 상속등
   기가 경료된 이후에 상속재산분할협의가 있었다면 이에 따른 등기는 소유권경정
   등기로 한다. (○)
2. 상속을 원인으로 하는 소유권이전등기는 단독으로 신청할 수 있는 등기이다.
   (○)
3. 등기명의인 표시변경등기는 해당 권리의 등기명의인이 단독으로 신청할 수 있다.
   (○)
4. 근저당권의 채권최고액을 감액하는 변경등기는 근저당권자가 단독으로 신청할
   수 있다. (×) – 권리변경등기는 공동신청
5. 수용으로 인한 소유권이전등기를 하는 경우, 등기권리자는 그 목적물에 설정되
   어 있는 근저당권설정등기의 말소등기를 단독으로 신청하여야 한다. (×)
   – 근저당권설정등기는 이 경우 직권말소된다.
6. 등기의 말소를 공동신청해야 하는 경우 등기의무자의 소재불명으로 「민사소
   송법」에 따른 공시최고 후 제권판결을 받은 등기권리자가 단독으로 신청할 수
   있다. (○)

7. 가등기의무자의 승낙서 또는 가등기가처분명령 정본을 첨부한 경우 등기권리자는 가등기를 단독으로 신청할 수 있다. (○)
8. 가등기의무자도 가등기명의인의 승낙을 받아 단독으로 가등기의 말소를 청구할 수 있다. (○)
9. 신탁재산에 속하는 부동산의 신탁등기는 신탁자와 수탁자가 공동으로 신청하여야 한다. (×) – 수탁자 단독신청

상속(회사합병)으로 인한 등기는 등기권리자(상속인/존속회사)만으로 이를 신청할 수 있다.

:: 참고 | 상속재산분할협의

1. 유언에 의하여 분할방법을 지정한 경우가 아닌 한 공동상속인은 언제든지 협의에 의하여 상속재산을 분할할 수 있다(협의분할을 원인으로 한 소유권이전등기). 특히 법정상속분에 따른 상속등기가 이미 경료된 이후에도 이러한 상속재산분할협의와 등기(소유권경정등기)를 할 수 있다.
2. 이때 협의분할은 공동상속인 전원의 동의(전원 인감 필요)가 있어야 유효하며 1인이라도 동의가 없거나 흠결이 있다면 그 분할은 무효이다.
3. 공동상속인 1인 지분만 상속등기 ×

┌ 포괄유증 : 수증자와 유언집행자(또는 상속인)의 공동신청
│   (포괄유증은 등기 없이 물권변동)
└ 특정유증 : 수증자와 유언집행자(또는 상속인)의 공동신청
             (특정유증은 등기하여야 물권변동)

③ 소유권보존등기, 소유권보존등기의 말소등기
④ 수용에 의한 소유권이전등기(단, 관공서가 사업시행자인 경우는 촉탁등기)
⑤ 부동산(표시)의 변경등기, 등기명의인표시의 변경등기
  ┌ 단, 권리의 변경등기는 공동신청
⑥ 멸실등기
⑦ **가등기**
  ㉠ 원칙 : 공동신청
  ㉡ 예외 : 가등기권리자의 단독신청(가등기의무자의 승낙서나 가등기가처분명령정본)
⑧ **가등기의 말소**
  ㉠ 원칙 : 공동신청
  ㉡ 예외

기출 ✎ 법인합병을 원인으로 한 저당권이전등기는 단독으로 신청할 수 있는 등기이다. (○)

:: 참고 | 협의 분할에 의한 상속등기를 신청하는 경우 등기원인을 '협의분할에 의한 상속'으로, 그 연월일을 '피상속인이 사망한 날'로 한다.
상속등기 후 상속재산분할협의로 경정등기를 신청하는 경우 등기원인은 '협의분할'로, 그 연월일은 '협의가 성립한 날'로 한다(등기예규 제1675호 참조).

기출 ✎
1. 특정유증으로 인한 소유권이전등기는 단독으로 신청할 수 있는 등기이다. (×)
2. 포괄유증은 수증자 명의의 등기가 없어도 유증의 효력이 발생하는 시점에 물권변동의 효력이 발생한다. (○)

기출 ✎
1. 부동산표시의 변경이나 경정의 등기는 소유권의 등기명의인이 단독으로 신청한다. (○) 제33회
2. 등기명의인 표시변경등기는 해당 권리의 등기명의인이 단독으로 신청할 수 있다. (○)
3. 근저당권의 채권최고액을 감액하는 변경등기는 단독신청할 수 있다. (×)
4. 가등기권리자는 가등기를 명하는 법원의 가처분명령이 있더라도 단독으로 가등기를 신청할 수 없다. (×) 제33회

ⓐ 가등기명의인의 단독신청 : 가등기필정보, 소유권가등기말소시 인감증
명 첨부

ⓑ **가등기의무자 또는 이해관계인의 단독신청** : 가등기명의인의 승낙서 또
는 판결서 첨부

⑨ 사망으로 소멸한 권리의 말소등기

⑩ **등기의무자가 소재불명된 경우 소멸한 권리의 말소등기** : 공시최고 후 제권
판결을 받아 단독신청 말소 ○(전세권자의 소재불명시 전세금반환증서로 단
독신청 ×)

⑪ 혼동에 의한 말소등기

⑫ 신탁재산 멸실, 회복, 관리, 처분 등으로 얻거나 신탁재산에 속하게 된 경우
신탁등기는 수탁자가 단독신청할 수 있다(수익자나 위탁자의 대위 가능). 또
한 신탁등기의 말소등기도 수탁자가 단독으로 신청할 수 있다.

⑬ 규약상 공용부분인 뜻의 등기 : 소유권의 등기명의인 단독신청

⑭ 공용부분인 뜻을 정한 규약을 폐지한 경우에는 공용부분의 취득자는 지체
없이 소유권보존등기를 신청하여야 한다(단독신청). ⇨ 등기관이 규약상 공
용부분인 뜻 말소

(4) **포괄승계인에 의한 등기신청** 제29회, 제31회

① 등기원인이 발생한 후에 등기권리자 또는 등기의무자에 대하여 상속이나 그
밖의 포괄승계가 있는 경우에는 상속인이나 그 밖의 포괄승계인이 그 등기
를 신청할 수 있다(법 제27조).

② 신청정보의 등기의무자의 표시가 등기기록과 일치하지 아니한 경우(법 제
29조 제7호) 등기관은 그 신청을 각하하여야 한다. 다만, 법 제27조에 따라
포괄승계인이 등기신청을 하는 경우는 제외한다.

구분	상속으로 인한 등기	상속인에 의한 등기	유증을 원인으로 한 권리이전등기
등기원인	상속	매매 등	유증
신청인	단독신청	공동신청 (상속인과 상대방)	공동신청 [유언집행자(또는 상속인)와 수증자]
등기필정보	불요	필요	필요
비고	—	상속등기를 거치지 않 고 바로 이전등기 등	유증자로부터 수증자에 게 바로 등기

기출 ✎
1. 유증으로 인한 소유권이전등기는 상속등기를 거쳐 수증자 명의로 이전등기를 신청하여야 한다. (×)
2. 미등기부동산이 특정유증된 경우, 유언집행자는 상속인 명의의 소유권보존등기를 거쳐 유증으로 인한 소유권이전등기를 신청하여야 한다. (○)
3. 사인증여로 인하여 발생한 소유권이전등기청구권을 보전하기 위한 가등기는 할 수 없다. (×)
4. 유증으로 인한 소유권이전등기 신청이 상속인의 유류분을 침해하는 경우, 등기관은 이를 수리할 수 없다. (×)

> **심화 유증을 원인으로 한 소유권이전등기의 특징** 제27회
>
> 1. 수증자가 수인인 포괄유증 : 수증자 전원이 공동으로 신청하거나 각자가 자기 지분만에 대하여 신청할 수 있다.
> 2. 유증으로 인한 소유권이전등기는 상속등기를 거치지 않고 직접 수증자 명의로 등기를 신청한다. 그러나 유증의 등기 전에 이미 상속등기가 경료된 경우에는 상속등기를 말소함이 없이 상속인으로부터 유증으로 인한 소유권이전등기를 신청할 수 있다.
> 3. 유증을 원인으로 한 소유권이전등기는 포괄유증이나 특정유증을 불문하고 수증자를 등기권리자, 유언집행자 또는 상속인을 등기의무자로 하여 공동으로 신청하여야 한다.
> 4. 미등기부동산을 유증받은 수증자가 자신의 명의로 바로 소유권보존등기를 실행할 수는 없다(단, 포괄수증자는 직접 소유권보존등기 실행이 가능).
> 5. 유증으로 인한 소유권이전등기가 상속인의 유류분을 침해하더라도 수리하여야 한다.
> 6. 유증으로 인한 소유권이전청구권보전의 가등기는 유언자가 사망한 후인 경우에만 수리하고 생존 중에는 수리하여서는 아니 된다(단, 사인증여의 가등기는 생존 중에도 가능).

(5) 대위등기신청 제30회, 제31회, 제33회, 제34회

> **꼭 보세요!**
>
> 1. 부동산이 甲 ⇨ 乙 ⇨ 丙으로 매도되었으나 등기명의가 甲에게 남아 있어 丙이 乙을 대위하여 소유권이전등기를 신청하는 경우 乙은 절차법상 등기권리자에 해당한다. (○)
> 2. 등기된 건물이 멸실된 경우에는 건물소유권의 등기명의인만이 멸실등기를 신청할 수 있는 것은 아니다. (○)
> 3. 구분건물로서 그 대지권의 변경이 있는 경우에는 구분건물의 소유권의 등기명의인은 1동의 건물에 속하는 다른 구분건물의 소유권의 등기명의인을 대위하여 대지권의 변경등기를 신청할 수 있다. (○)
> 4. 수익자 또는 위탁자는 수탁자에 대위하여 신탁의 등기를 신청할 수 있다. (○)
> 5. 채권자대위에 의한 등기를 마친 경우 등기관은 대위신청인 및 피대위자에게 등기완료통지를 하고 등기필정보를 작성·통지하여야 한다. (×) - 대위에 의한 등기를 마친 경우는 등기필정보를 작성·통지하지 않는다.

기출 ✎
1. 부동산이 甲 ⇨ 乙 ⇨ 丙으로 매도되었으나 등기명의가 甲에게 남아 있어 丙이 乙을 대위하여 소유권이전등기를 신청하는 경우 丙은 절차법상 등기권리자에 해당한다. (×)
2. 채권자 甲이 채권자대위권에 의하여 채무자 乙을 대위하여 등기신청하여 등기를 마친 경우, 등기관은 乙에게 등기완료의 통지를 하여야 한다. (○)

▪▪참고 | 방문신청을 하고자 하는 신청인은 신청서를 등기소에 제출하기 전에 전산정보처리조직에 신청정보를 입력하고, 그 입력한 신청정보를 서면으로 출력하여 등기소에 제출하는 방법으로 할 수 있다(전자표준양식에 의한 등기).

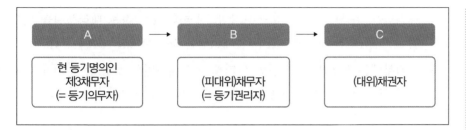

① **C가 A ⇨ B의 등기를 A와 C의 공동신청으로 대위신청**

　㉠ 채권자대위권에 의한 등기신청의 경우, 대위채권자는 채무자의 등기신청권을 자기의 이름으로 행사한다.

　㉡ 신청서와 등기부에 채권자와 채무자의 성명, 주소, 대위원인을 기재하게 되며, 신청시 대위원인증서(사서증서도 가능)를 첨부한다.

　㉢ 대위의 대위도 가능하며, 채권자의 채권은 특정채권이 아닌 일반금전채권도 가능하다.

② 등기완료 후 신청인 및 채무자(B)에게 등기완료 통지(등기필정보는 작성·통지 ×)

③ **기타의 대위등기**

　㉠ 구분건물에 관한 일부 소유권보존등기시 나머지 구분건물의 표시에 관한 등기를 대위하여 신청할 수 있다.

　㉡ 대지권의 표시에 관한 건물의 표시변경등기는 해당 구분소유자 전원이 신청하거나 일부가 다른 구분소유자를 대위하여 일괄 신청하여야 한다.

　㉢ 수익자나 위탁자는 수탁자를 대위하여 신탁등기를 단독으로 신청할 수 있다.

　㉣ 건물의 멸실등기시 등기명의인이 1개월 이내 신청하지 않으면 건물대지소유자가 대위신청할 수 있다.

　㉤ 토지수용에 의한 소유권이전등기시 기업자(사업시행자)가 토지의 표시 또는 등기명의인의 표시변경, 경정, 상속으로 인한 소유권이전등기를 신청할 수 있다.

(6) 대리인에 의한 신청 제34회

> **◀ 꼭 보세요! ▶**
>
> 1. 자격자대리인이 아닌 사람도 타인을 대리하여 전자신청할 수 있다. (×) – 전자신청의 대리는 자격자대리인에 한한다.
> 2. 전자표준양식에 의한 등기신청의 경우, 자격자대리인(법무사 등)이 아닌 자도 타인을 대리하여 등기를 신청할 수 있다. (○)
> 3. 법무사는 매매계약에 따른 소유권이전등기를 매도인과 매수인 쌍방을 대리하여 신청할 수 있다. (○)

기출
1. 채권자가 채무자를 대위하여 등기신청을 하는 경우, 채무자가 등기신청인이 된다. (×) 제33회
2. 상속인이 상속포기를 할 수 있는 기간 내에는 상속인의 채권자가 대위권을 행사하여 상속등기를 신청할 수 없다. (×) 제33회
　⇨ 상속인이 상속을 포기한 경우에는 채권자가 상속등기를 대위할 수 없다.

기출 구분건물로서 그 대지권의 변경이나 소멸이 있는 경우에는 구분건물의 소유권의 등기명의인은 1동의 건물에 속하는 다른 구분건물의 소유권의 등기명의인을 대위하여 그 등기를 신청할 수 없다. (×) 제34회

Tip 등기신청은 자기계약, 쌍방대리 가능

기출
1. 甲건물이 멸실된 경우, 그 건물 소유권의 등기명의인이 1개월 이내에 멸실등기신청을 하지 않으면 그 건물대지의 소유자가 그 건물소유권의 등기명의인을 대위하여 멸실등기를 신청할 수 있다. (○) 제33회
2. 甲이 그 소유의 부동산을 乙에게 매도한 경우 乙은 甲의 위임을 받더라도 그의 대리인으로서 소유권이전등기를 신청할 수 없다. (×) 제30회
3. 법무사는 매매계약에 따른 소유권이전등기를 매도인과 매수인 쌍방을 대리하여 신청할 수 있다. (○) 제34회

① 대리인은 누구나 될 수 있으나(다만, 자격증 없는 자는 대리행위를 업으로 할 수 없음) 전자신청인 경우의 대리인은 변호사·법무사에 한한다.

② 등기부에는 본인의 성명 등만을 기재하고 대리인의 성명 등은 기재하지 않는다(단, 비법인 사단·재단의 대표자·관리인은 예외).

기출 대리인이 방문하여 등기신청을 대리하는 경우, 그 대리인은 행위능력자임을 요하지 않는다.
(○) 제33회

참고 대리인이 변호사 또는 법무사인 경우에는 대법원규칙이 정하는 사무원(지방법원장의 허가를 받아 정해진 사무원)을 등기소에 출석하게 하여 등기를 신청하게 할 수 있다.

제2절 | 등기신청에 필요한 서면

1 신청정보 제29회, 제33회, 제35회

(1) 1건 1신청주의 원칙

등기의 신청은 1건당 1개의 부동산에 관한 신청정보를 제공하는 방법으로 하여야 한다. 다만, 등기목적과 등기원인이 동일하거나 그 밖에 대법원규칙으로 정하는 경우에는 여러 개의 부동산에 관한 신청정보를 일괄하여 제공하는 방법으로 할 수 있다.

기출 같은 채권의 담보를 위하여 소유자가 다른 여러 개의 부동산에 대한 저당권설정등기를 신청하는 경우, 1건의 신청정보로 일괄하여 신청할 수 있다. (○)

(2) 등기신청정보의 기록

① 방문신청을 하는 경우에는 등기신청서에 신청정보의 내용으로 등기소에 제공하여야 하는 정보를 적고 신청인 또는 그 대리인이 기명날인하거나 서명하여야 한다.

② 신청서가 여러 장일 때에는 신청인 또는 그 대리인이 간인을 하여야 하고, 등기권리자 또는 등기의무자가 여러 명일 때에는 그중 1명이 간인하는 방법으로 한다. 다만, 신청서에 서명을 하였을 때에는 각 장마다 연결되는 서명을 함으로써 간인을 대신한다.
　　┗ 정정인은 전원

③ 신청서 등 서면에 적은 문자의 정정, 삽입 또는 삭제를 한 경우에는 그 글자 수를 난외(欄外)에 적으며 문자의 앞뒤에 괄호를 붙이고 이에 날인 또는 서명하여야 한다. 이 경우 삭제한 문자는 해독할 수 있게 글자체를 남겨두어야 한다.

참고 신청인이 다수인 경우 날인하지 아니한 신청인과 이해상반되는 경우가 있을 수 있으므로 신청인 전원이 정정인을 날인한다(예규 제585조).

(3) 신청정보의 내용 － 일반적 · 필요적 기재사항

① 부동산의 표시(소지지면, 소지종구면 · 건물번호, 구분건물의 대지권 등)

② 등기원인과 연월일(소유권보존등기신청서에는 기재하지 않음)

③ 등기의 목적

④ **신청인**(명 주 번)

　　㉠ 대리인(법인 대표자) － 명 주 : 신청서에 기재 ○ ➡ 등기부에 기재 ×

　　㉡ 대위채권자 － 명 주 대위원인 : 신청서에 기재 ○ ➡ 등기부에 기재 ○

　　㉢ 비법인 － 대표자의 명 주 번 : 신청서에 기재 ○ ➡ 등기부에 기재 ○ ★

⑤ 등기의무자의 등기필정보 제공

　(공동신청 또는 승소한 등기의무자 단독신청으로 권리등기 신청시)

⑥ 권리자가 2인 이상인 경우 그 지분을 기재(합유인 때는 그 뜻을 기재)

⑦ 매매계약서를 원인증서로 소유권이전등기를 신청하는 경우 그 신청서에는
　거래신고필증에 기재된 거래가액 기재

⑧ 등기소의 표시

개정

부동산등기법 제7조의2 【관련 사건의 관할에 관한 특례】
　① 제7조에도 불구하고 관할 등기소가 다른 여러 개의 부동산과 관련하여 등기목적과 등기원인이 동일하거나 그 밖에 대법원규칙으로 정하는 등기신청이 있는 경우에는 그 중 하나의 관할 등기소에서 해당 신청에 따른 등기사무를 담당할 수 있다.
　② 제7조에도 불구하고 제11조제1항에 따른 등기관이 당사자의 신청이나 직권에 의한 등기를 하고 제71조, 제78조제4항(제72조제2항에서 준용하는 경우를 포함한다) 또는 대법원규칙으로 정하는 바에 따라 다른 부동산에 대하여 등기를 하여야 하는 경우에는 그 부동산의 관할 등기소가 다른 때에도 해당 등기를 할 수 있다.

부동산등기규칙 제163조
　① 법 제7조의2제1항에 따라 관할 등기소가 다른 여러 개의 부동산과 관련하여 그 중 하나의 관할 등기소에 그 등기를 신청할 수 있는 "등기목적과 등기원인이 동일한 등기신청"은 다음 각 호의 신청으로 한다.
　1. 동일한 채권에 관하여 여러 개의 부동산에 관한 권리를 목적으로 하는 저당권설정 (이하 "공동저당"이라 한다)등기의 신청
　2. 여러 개의 부동산에 관한 전세권설정 또는 전전세 등기의 신청
　3. 제1호 및 제2호의 등기에 대한 이전 · 변경 · 말소등기의 신청
　4. 그 밖에 동일한 등기원인을 증명하는 정보에 따라 등기목적과 등기 원인이 동일한 등기의 신청

② 법 제7조의2제1항에 따라 관할 등기소가 다른 여러 개의 부동산과 관련하여 그 중 하나의 관할 등기소에 그 등기를 신청할 수 있는 "그 밖에 대법원규칙으로 정하는 등기신청"이란 다음 각 호의 신청을 말한다.
1. 소유자가 다른 여러 부동산에 대한 제1항제1호 및 제2호 등기의 신청
2. 제1호의 등기에 대한 이전·변경·말소등기의 신청
3. 공동저당 목적으로 새로 추가되는 부동산이 종전에 등기한 부동산과 다른 등기소의 관할에 속하는 경우에는 종전의 등기소에 추가되는 부동산에 대한 저당권설정등기의 신청
③ 공동저당 일부의 소멸 또는 변경의 신청은 소멸 또는 변경되는 부동산의 관할 등기소 중 한 곳에 신청할 수 있다.

(4) 임의적 기록사항

① 임의적 기록사항은 법령에 근거규정이 있는 경우에 한하여 등기
② 특약사항이 등기원인증서에 기재되어 있으면 반드시 신청서에 기재하여야 한다.

🔖 등기신청정보

등기의 종류	필요적 사항 제25회, 제28회	임의적 사항
소유권보존등기	신청근거조항	등기원인과 연월일은 기재 ×
지상권설정등기	목적, 범위	존속기간, 지료
지역권설정등기	요역지·승역지, 목적, 범위	요역지에 수반하지 않는다는 약정, 공작물 설치의무 부담 약정 등
전세권설정등기	전세금, 범위	존속기간, 위약금, 양도 또는 전대 금지특약
저당권설정등기	채권액, 채무자	변제기, 이자 및 발생기·지급시기·지급장소 등의 약정
근저당권설정등기	채권최고액, 채무자	존속기간
권리질권등기	채권액 또는 채권최고액, 채무자	변제기, 이자의 약정
임차권설정등기	차임, 범위	차임지급시기, 존속기간, 임차보증금, 임대인의 동의

2 등기원인을 증명하는 정보(원인증명정보)

> **꼭 보세요!**
>
> 1. 등기원인을 증명하는 서면이 집행력 있는 판결인 경우 판결서에 검인을 받아야 한다. (○)
> 2. 계약의 일방 당사자가 국가 또는 지방자치단체인 경우에는 검인을 받을 필요가 없다. (○)
> 3. 토지거래허가를 받은 경우에도 별도의 검인을 받아야 한다. (×) - 허가를 받은 경우 검인을 받은 것으로 본다.
> 4. 명의신탁 해지약정을 원인으로 소유권이전등기를 신청시 등기원인증명서면에 검인을 받아야 한다. (○)

(1) 의의

① 등기할 권리변동의 원인인 법률행위 기타 법률사실의 성립을 증명하는 정보

② **원인증명정보의 예**

ⓐ 매매계약서, 판결정본

ⓑ 가족관계등록사항별 증명서 · 상속재산분할협의서(상속등기시)

ⓒ 유언증서나 사인증여증서(유증 및 사인증여시)

(2) 검인계약서 제32회

① 계약을 원인으로 한 <u>소유권이전등기</u> 신청시 ⇨ 검인 필요

                                   ↳ 가등기 ×, 말소등기 ×, 본등기 ○

  ↳ 경매 ×, 수용 ×, 상속 ×, 진정명의회복 ×, 취득시효 ×

② 판결서에 검인 ○, 토지거래허가를 받은 경우 - 검인 ×, 거래신고필증을 받은 경우 - 검인 ×

③ 시장 · 군수 · 구청장(또는 권한 위임받은 자)이 형식적 요건의 구비만을 확인하고 검인

④ 계약의 일방당사자가 국가 또는 지방자치단체인 경우 - 검인 ×

⑤ 매매계약 해제로 인한 소유권이전등기의 말소등기의 원인증서인 매매계약 해제증서 - 검인 ×

⑥ 명의신탁계약 해지를 원인으로 하여 소유권이전등기를 신청(명의신탁해지약정서) - 검인 ○

⑦ 공유물분할계약에 따른 소유권이전등기 신청시 공유물분할계약서에 검인 ○

::참고 | 토지거래허가구역 안의 토지 및 건물에 대한 소유권이전등기 신청시, 토지에 대하여 「국토의 계획 및 이용에 관한 법률」상의 토지거래허가증을 교부받은 경우 「부동산등기 특별조치법」상의 검인을 받은 것으로 보는데, 이때 토지거래허가신청서에는 허가대상 토지뿐만 아니라 그 지상건물에 대하여도 기재하도록 하고 있으므로 건물에 대하여 별도로 「부동산등기 특별조치법」상의 검인을 받지 않아도 등기신청을 할 수 있을 것이다(등기선례 제5-49호).

기출 ✎ 공유물분할 합의나 양도담보계약, 명의신탁해지약정 등은 모두 계약에 해당하므로 소유권이전등기신청 시에는 검인을 받아야 한다. (○) 제32회

3 등기의무자의 권리에 관한 등기필정보의 제공 제30회, 제34회, 제35회

> **꼭 보세요!**
>
> 1. 소유권이전등기나 저당권설정등기를 등기명의인이 되는 신청인이 직접 신청하여 등기가 경료된 경우라면 등기관은 등기필정보를 작성하여 등기권리자에게 통지하여야 한다. (○)
> 2. 국가 또는 지방자치단체가 등기권리자인 경우 등기관은 등기필정보를 작성하여 국가 또는 지방자치단체에 통지하여야 한다. (×) – 관공서에 작성통지하지 않는다.
> 3. 승소한 등기의무자가 등기를 신청한 경우 그 등기를 실행한 등기관은 등기필정보를 작성하여 승소한 등기의무자에게 통지하여야 한다. (×) – 등기명의인이 된 신청인이 아니므로 작성통지하지 않는다.
> 4. 승소한 등기의무자가 등기를 단독신청하는 경우 그 등기의무자는 등기필정보를 등기소에 제공하여야 한다. (○)
> 5. 승소한 등기권리자가 단독으로 판결에 의한 소유권이전등기를 신청하는 경우, 등기의무자의 권리에 관한 등기필정보를 제공할 필요가 없다. (○)
> 6. 소유권보존등기나 상속등기 신청의 경우에는 등기의무자의 등기필정보를 제공하지 않아도 된다. (○)
> 7. 등기필정보가 없는 경우에는 등기신청인의 대리인(변호사나 법무사만을 말한다)이 등기의무자 등으로부터 위임받았음을 확인(확인서면)하는 경우 또는 등기신청서나 위임장 중 등기의무자의 작성 부분에 관한 공증을 받고 그 공증부본을 제공하는 방법으로 등기필정보를 대신할 수 있다. (○)
> 8. 대위채권자의 등기신청에 의하여 등기가 완료된 때에는 등기필정보를 작성·통지하지 아니한다. (○)

(1) 등기필정보의 의의

① 등기완료 후 등기관은 등기권리자(등기명의인이 된 신청인)에게 등기필정보를 작성·통지한다.

② 등기필정보를 통지받은 등기권리자가 이후 등기의무자로서 등기를 신청할 때 이것을 등기소에 제공함으로써 등기의 진정성을 확보한다.

③ 공동신청 또는 승소한 등기의무자의 단독신청으로 권리의 등기를 신청할 때 등기필정보를 등기소에 제공하여야 한다.

> **참고 | 등기필정보를 작성하는 경우(등기예규 제1604호 참조)**
>
> 1. 등기필정보의 작성
>   등기관이 등기권리자의 신청에 의하여 다음 중 어느 하나의 등기를 하는 때에는 등기필정보를 작성하여야 한다. 그 이외의 등기를 하는 때에는 등기필정보를 작성하지 아니한다.

  ① 「부동산등기법」제3조 기타 법령에서 등기할 수 있는 권리로 규정하고 있는 권리를 보존·설정·이전하는 등기를 하는 경우

  ② 위 ①의 권리의 설정 또는 이전청구권 보전을 위한 가등기를 하는 경우

  ③ 권리자를 추가하는 경정 또는 변경등기(甲 단독소유를 甲, 乙 공유로 경정하는 경우나 합유자가 추가되는 합유명의인 표시변경등기등)를 하는 경우

 2. 등기필정보의 기재사항

  등기필정보에는 권리자, (주민)등록번호, 부동산고유번호, 부동산소재, 접수일자, 접수번호, 등기목적, 일련번호 및 비밀번호를 기재한다.

 3. 등기필정보를 작성·통지하지 아니하는 경우

  ① 등기권리자가 원하지 않는 경우

  ② 국가 또는 지방자치단체가 등기권리자인 경우

  ③ 등기필정보통지서를 수령할 자가 등기를 마친 때부터 3개월 이내에 그 서면을 수령하지 않은 경우

  ④ 승소한 등기의무자가 등기를 신청한 경우

  ⑤ 채권자가 등기권리자를 대위하여 등기를 신청한 경우

  ⑥ 등기관이 직권으로 소유권보존등기를 한 경우

  ⑦ 공유자 중 일부가 「민법」제265조 단서에 따른 공유물의 보존행위로서 공유자 전원을 등기권리자로 하여 권리에 관한 등기를 신청한 경우(등기권리자가 그 나머지 공유자인 경우로 한정한다)

보충 등기필정보의 멸실

절대 재교부하지 않음

1. 등기의무자나 법정대리인이 직접 출석 – 등기관의 확인조서 작성
2. 해당 등기신청사건을 위임받은 변호사 또는 법무사의 확인서면을 첨부정보로 제공
3. 등기신청서 또는 위임장 중 등기의무자의 직접 작성 부분에 대한 공증을 받아 그 부분 제공

등기필정보 대신 확인방법으로 등기가 완료된 경우 등기관은 등기의무자에게 등기완료통지를 하여야 한다(⇨ 확인제도의 악용을 막기 위해).

(2) 등기필정보의 제공을 요하지 않는 경우(단독신청이나 등기촉탁시)

 ① **판결** : 승소한 등기권리자 ×(다만, 승소한 등기의무자의 단독신청의 경우 ○)

 ② 상속에 의한 신청시 ×(상속인에 의한 등기, 유증등기의 경우 ○)

 ③ 관공서가 등기권리자 또는 등기의무자로서 등기를 촉탁하거나 신청하는 경우 ×

 ④ 소유권보존등기 신청시 ×

 ⑤ 등기명의인 표시변경등기, 부동산의 표시변경등기 등 ×

4 인감증명 제34회

(1) 의의

방문신청을 하는 경우에는 다음의 인감증명을 제출하여야 한다. 이 경우 해당 신청서(위임의 경우에는 위임장)나 첨부서면에는 그 인감을 날인하여야 한다 (따라서 인감을 제출하지 아니하는 경우에만 신청서에 서명이 가능).

① 소유권의 등기명의인이 등기의무자로서 등기를 신청하는 경우에 등기의무자의 인감증명

② 소유권에 관한 가등기명의인이 가등기말소를 신청하는 경우에 가등기명의인의 인감증명

③ 소유권 이외의 권리의 등기명의인이 등기의무자로서 등기필정보 대신 직접 출석하거나 확인정보 또는 공증부본을 첨부해서 등기를 신청하는 경우에 등기의무자의 인감증명★

④ 특례에 따른 합필등기를 신청하는 경우에는 종전 토지의 소유권이 합병 후의 토지에서 차지하는 지분을 토지소유자들이 확인하는 확인서를 첨부하여 토지합필등기를 신청하는 경우 그 토지소유자들의 인감증명

⑤ 토지 일부에 용익물권의 등기가 있는 경우에는 분필등기 신청시 신청서에 권리가 존속할 토지를 기재하고 이를 증명하는 권리자의 서면을 제출하여야 하는바, 이때에 그 서면에 날인한 권리자의 인감증명

⑥ 협의분할에 의한 상속등기를 신청하는 경우 분할협의서에 날인한 상속인 전원의 인감증명

---

⑦ 등기신청서에 제3자의 동의 또는 승낙을 증명하는 서면을 첨부하는 경우에 그 서면에 날인한 동의 또는 승낙자의 인감증명

⑧ 법인 아닌 사단이나 재단의 등기신청에서 대법원예규로 정한 경우

(2) 인감증명의 제출을 요하지 않는 경우

① 인감증명을 제출하여야 하는 자가 국가 또는 지방자치단체인 경우에는 인감증명을 제출할 필요가 없다.

② 위 (1)의 ④, ⑤, ⑥, ⑦에 해당하는 서면이 공정증서(공증인의 인증을 받은 서면인 경우)인 경우 인감증명을 제출할 필요가 없다.

(3) 제출하여야 할 인감증명

① 인감증명을 제출하여야 하는 자가 다른 사람에게 권리의 처분권한을 수여한 경우에는 그 대리인의 인감증명을 함께 제출하여야 한다.

② 외국인인 경우에는 「인감증명법」에 따른 인감증명 또는 본국의 관공서가 발행한 인감증명을 제출하여야 한다. 다만, 본국에 인감증명제도가 없고 또한 「인감증명법」에 따른 인감증명을 받을 수 없는 자는 신청서나 위임장 또는 첨부서면에 본인이 서명 또는 날인하였다는 뜻의 본국 관공서의 증명이나 본국 또는 대한민국 공증인의 인증(「재외공관 공증법」에 따른 인증을 포함한다)을 받음으로써 인감증명의 제출을 갈음할 수 있다.

③ 재외국민인 경우에는 위임장이나 첨부서면에 본인이 서명 또는 날인하였다는 뜻의 「재외공관 공증법」에 따른 인증을 받음으로써 인감증명의 제출을 갈음할 수 있다.

④ 용도가 매매를 원인으로 한 소유권이전등기신청의 경우에는 반드시 부동산 매도용 인감증명서를 첨부하여야 한다. 매매 이외의 경우에는 다른 용도의 인감증명도 수리하여야 한다.

∷참고

1. 법정대리인이 있는 경우에는 법정대리인의 인감증명을 제출하여야 한다.
2. 인감증명을 제출하여야 하는 자가 법인 또는 국내에 영업소나 사무소의 설치등기를 한 외국법인인 경우에는 등기소의 증명을 얻은 그 대표자의 인감증명을, 법인 아닌 사단이나 재단인 경우에는 그 대표자나 관리인의 인감증명을 제출하여야 한다.

∷참고 등기신청서에 첨부하는 인감증명, 법인등기사항증명서, 주민등록표등본·초본, 가족관계등록사항별 증명서 및 건축물대장·토지대장·임야대장 등본은 발행일부터 3개월 이내의 것이어야 한다 (규칙 제62조).

∷참고 | 등기원인에 대하여 행정관청의 허가, 동의 또는 승낙 등을 받을 것이 요구되는 때에는 해당 허가서 등의 현존사실이 그 판결서에 기재되어 있는 경우에 한하여 허가서 등의 제출의무가 면제된다. 그러나 소유권이전등기를 신청할 때에는 해당 허가서 등의 현존사실이 판결서 등에 기재되어 있다 하더라도 행정관청의 허가 등을 증명하는 서면을 반드시 제출하여야 한다(예규 제1692호).

기출 ⁄
1. 토지거래허가구역 내의 토지를 매매하였으나 그 후 허가구역 지정이 해제되었다면, 소유권이전등기 신청시 다시 허가구역으로 지정되었더라도 그 신청서에 토지거래허가서를 제공할 필요가 없다. (○)
2. 토지거래허가구역 안에 있는 토지에 관하여 임차권설정등기를 신청하는 경우에는 토지거래허가를 증명하는 서면을 첨부하여야 한다. (×)
3. 상속을 원인으로 하여 농지에 대한 소유권이전등기를 신청하는 경우, 농지취득자격증명은 필요하지 않다. (○)
4. 농지에 대하여 공유물분할을 원인으로 한 소유권이전등기를 신청하는 경우 농지취득자격증명을 제공해야 한다. (×)

기출 ⁄ 농지에 대한 소유권이전등기를 신청하는 경우, 등기원인을 증명하는 정보가 집행력 있는 판결인 때에는 특별한 사정이 없는 한 농지취득자격증명을 첨부하지 않아도 된다. (×) 제34회

---

5 기타 첨부정보

(1) 등기원인에 대한 제3자 허가, 동의 또는 승낙을 증명하는 정보 제34회, 제35회

> **꼭 보세요!**
>
> 1. 진정명의회복을 원인으로 하는 소유권이전등기를 신청하는 경우에는 토지거래허가나 농지취득자격증명을 요하지 아니한다. (○)
> 2. 상속을 원인으로 하여 농지에 대한 소유권이전등기를 신청하는 경우 농지취득자격증명을 첨부하여야 한다. (×) − 상속의 경우 요하지 않는다.
> 3. 농지에 대한 공유물분할을 원인으로 한 소유권이전등기를 신청하는 경우 농지취득자격증명을 제공하여야 한다. (×) − 공유물분할의 경우 요하지 않는다.
> 4. 취득시효완성을 원인으로 농지를 취득하는 경우에는 농지취득자격증명을 제공하여야 한다. (×) − 시효취득시 ×
> 5. 수용으로 인한 등기신청시 농지취득자격증명을 첨부해야 한다. (×) − 수용×

> **보충** 등기원인에 대한 제3자 허가 등을 증명하는 정보
>
> 1. 농지취득자격증명(유상 · 무상 불문)(예규 제1415호 참조)
>   ① 소유권이전등기: 증여 ○, 가등기시 ×, 상속 ×, 포괄유증 ×, 상속인에 대한 특정유증 ×, 진정명의회복 ×, 취득시효 ×, 공유물분할 ×, 수용 ×, 교환 · 공매 · 양도담보 · 계약해제 · 명의신탁해지 · 신탁 ○
>   ② 경매시 집행법원에 제출(○)하고, 이후 소유권이전등기 촉탁시 첨부할 필요 없음
>   ③ 토지거래허가 받은 경우 농지취득자격증명 제출 ×
> 2. 토지거래허가서(유상, 예약 포함)(예규 제1634호 참조)
>   ① 소유권 · 지상권의 이전 · 설정: 증여 ×, 가등기시 ○, 상속 ×, 유증 ×, 진정명의회복 ×, 취득시효 ×, 수용 ×, 「신탁법」상 신탁 ×(선례 4-609), 명의신탁해지 ×
>   ② 경매 ×
>   ③ 허가구역으로 지정되기 전에 계약을 체결하거나, 등기신청 전에 허가구역이 해제된 경우 ×

구분	가등기	본등기	증여	상속 · 수용 · 진정명의 · 취득시효	공유물분할
농지취득 자격증명	×	○	○	×	×
토지거래 허가	○	×	×	×	○ (대가성 있는 경우)

> 심화 판결에 의한 등기신청시 첨부정보의 특징
>
> 1. 검인 ○
>
> 2. 등기필정보 ×(단, 승소한 등기의무자 신청시에는 제공)
>
> 3. 등기원인에 관한 제3자 허가서 ×(단, 소유권이전등기시에는 제공)
>
> 4. 이해관계 있는 제3자 승낙서 ○
>
> 5. 신청인의 주소증명정보 ○(등기권리자의 주소증명만 제공)

꼭 보세요!

1. 소유권이전등기 신청시 등기의무자의 주소증명정보는 등기소에 제공하지 않는다. (×) – 소유권이전등기시 등기의무자의 주소증명정보도 제공한다.
2. 법인의 등록번호는 주된 사무소 소재지를 관할하는 시장·군수 또는 구청장이 부여한다. (×) – 법인은 주된사무소 소재지 관할 등기소에서 부여
3. 주민등록번호가 없는 재외국민의 등록번호는 대법원 소재지 관할 등기소의 등기관이 부여한다. (○)
4. 법인 아닌 사단의 등록번호는 주된 사무소 소재지 관할 등기소의 등기관이 부여한다. (×) – 법인 아닌 사단의 등록번호는 시장 군수 구청장이 부여
5. 건물의 일부에 대한 전세권설정등기를 신청하는 경우 그 건물의 도면을 요한다. (○)
6. 전세권설정범위가 건물 전부인 경우, 전세권설정등기 신청시 건물도면을 첨부정보로서 등기소에 제공하여야 한다. (×) – 전부가 아닌 일부인 경우 도면 필요
7. 지상권설정등기를 신청할 때에 그 범위가 토지의 일부인 경우, 그 부분을 표시한 토지대장을 첨부정보로서 등기소에 제공하여야 한다. (×) – 토지대장이 아닌 지적도를 제공한다.

> 기출 매매를 원인으로 소유권이전등기를 신청하는 경우, 등기의무자의 주소를 증명하는 정보도 제공하여야 한다. (○) 제34회

(2) **신청인 주소증명정보** 제27회, 제34회, 제35회

① '새로 등기명의인이 되는 등기권리자'의 권리종류를 불문하고 주소증명정보 제공. 단, 소유권이전등기의 경우 또는 등기의무자의 동일성 확인이 필요한 경우에는 등기의무자의 주소증명정보도 제공

② 판결, 경매, 촉탁등기시에는 등기권리자의 것만 제공

③ **개인**: 주민등록 등·초본(3개월 내)

   법인: 법인등기사항증명서(3개월 내)

(3) **등록번호 증명정보**(주민등록 또는 등기용 등록번호) 제25회, 제27회

'새로 등기명의인이 되는 등기권리자'의 부동산등기용 등록번호 증명정보 제공 (단, 주민등록번호가 없는 때에 다음의 기관에서 부여받은 등록번호증명서)

등기권리자	등록번호 부여기관
국가, 지방자치단체, 국제기관, 외국정부	국토교통부장관이 지정·고시
법인	주된 사무소(회사의 경우에는 본점, 외국법인의 경우에는 국내에 최초로 설치등기를 한 영업소나 사무소를 말한다) 소재지 관할 등기소의 등기관
법인 아닌 사단·재단(국내에 사무소설치등기 안한 외국법인 포함)	시장·군수·구청장(자치구가 아닌 구의 구청장 포함) ○ (소재지 관할 시장·군수·구청장 × 대표자 주소지 관할 시장·군수·구청장 ×)
외국인	체류지 관할 지방출입국·외국인관서의 장 (체류지 없는 경우 대법원 소재지를 체류지로 봄)
주민등록번호가 없는 재외국민	대법원 소재지 관할 등기소(＝ 현 서울중앙지방법원 등기국)의 등기관

(4) **대장등본 − 소유권보존등기, 소유권이전등기, 멸실등기, 부동산변경등기** 제34회

① 소유권보존등기를 신청하는 경우에는 토지의 표시를 증명하는 토지대장정보나 임야대장정보 또는 건물의 표시를 증명하는 건축물대장정보나 그 밖의 정보를 첨부정보로서 등기소에 제공하여야 한다.

② 소유권이전등기를 신청하는 경우에는 토지대장·임야대장·건축물대장정보나 그 밖에 부동산의 표시를 증명하는 정보를 등기소에 제공하여야 한다.

③ 멸실등기
  ㉠ 건물멸실등기시 멸실건축물대장정보 또는 그 밖의 정보를 첨부
  ㉡ 토지멸실등기시는 반드시 토지(임야)대장정보를 등기소에 제공

④ 부동산변경등기: 토지와 건물의 표시변경등기를 신청하는 경우에는 그 변경을 증명하는 토지대장정보(임야대장정보)나 건축물대장정보를 첨부정보로서 등기소에 제공하여야 한다.

(5) **도면, 지적도** 제27회, 제31회

① 여러 개의 건물의 소유권보존등기 신청시 건물 소재도(단, 건축물대장 제공시 ×)

② 구분건물에 대한 소유권보존등기 신청시 1동 건물 소재도, 각 층 및 전유부분 평면도(단, 건축물대장 제공시 ×)

③ 부동산 일부에 용익물권(토지 − 지적도, 건물 − 도면)

④ 부동산 일부에 용익물권이 있는 경우 그 부동산의 분할, 구분등기 신청시 도면 첨부

:: 참고 | 도면의 제출방법(규칙 제63조)

1. 방문신청의 경우에도 전자도면
2. 단, 서면으로 도면 제출 가능한 경우
   ① 자연인 또는 법인 아닌 사단이나 재단이 직접 등기신청을 하는 경우
   ② 자연인 또는 법인 아닌 사단이나 재단이 자격자대리인이 아닌 사람에게 위임하여 등기신청을 하는 경우

「부동산등기규칙」 제46조【첨부정보】 ① 등기를 신청하는 경우에는 다음 각 호의 정보를 그 신청정보와 함께 첨부정보로서 등기소에 제공하여야 한다.

1. 등기원인을 증명하는 정보
2. 등기원인에 대하여 제3자의 허가, 동의 또는 승낙이 필요한 경우에는 이를 증명하는 정보
3. 등기상 이해관계 있는 제3자의 승낙이 필요한 경우에는 이를 증명하는 정보 또는 이에 대항할 수 있는 재판이 있음을 증명하는 정보
4. 신청인이 법인인 경우에는 그 대표자의 자격을 증명하는 정보
5. 대리인에 의하여 등기를 신청하는 경우에는 그 권한을 증명하는 정보
6. 등기권리자(새로 등기명의인이 되는 경우로 한정한다)의 주소(또는 사무소 소재지) 및 주민등록번호(또는 부동산등기용 등록번호)를 증명하는 정보. 다만, 소유권이전등기를 신청하는 경우에는 등기의무자의 주소(또는 사무소 소재지)를 증명하는 정보도 제공하여야 한다.
7. 소유권이전등기를 신청하는 경우에는 토지대장·임야대장·건축물대장 정보나 그 밖에 부동산의 표시를 증명하는 정보
8. 변호사나 법무사[법무법인·법무법인(유한)·법무조합 또는 법무사법인·법무사법인(유한)을 포함한다. 이하 '자격자대리인'이라 한다]가 다음 각 목의 등기를 신청하는 경우, 자격자대리인(법인의 경우에는 담당 변호사·법무사를 의미한다)이 주민등록증·인감증명서·본인서명사실확인서 등 법령에 따라 작성된 증명서의 제출이나 제시, 그 밖에 이에 준하는 확실한 방법으로 위임인이 등기의무자인지 여부를 확인하고 자필서명한 정보
   가. 공동으로 신청하는 권리에 관한 등기
   나. 승소한 등기의무자가 단독으로 신청하는 권리에 관한 등기

기출 ✏ 전세권의 목적인 범위가 건물의 일부로서 특정 층 전부인 경우에는 전세권설정등기 신청서에 그 층의 도면을 첨부해야 한다. (×) 제33회

| 제3절 | **등기신청에 대한 등기관의 처리절차** |

(1) 등기신청서의 접수

① **접수 거부 못함**: 등기신청정보가 전산정보처리조직에 '저장'된 때 접수된 것으로 본다.

> **참고** | 같은 부동산에 관하여 동시에 여러 개의 등기신청이 있는 때에는 같은 접수번호를 부여하여야 한다(「부동산등기규칙」 제65조 제2항).

② 접수번호는 대법원예규에서 정하는 바에 따라 전국 모든 등기소를 통합하여 부여하되, 매년 새로 부여하여야 한다.

③ 등기관이 등기를 마친 경우 그 등기는 접수한 때부터 효력을 발생한다.

    ↳ '등기관이 등기를 마친 경우'란 등기사무를 처리한 등기관이 누구인지 알 수 있는 조치를 하였을 때를 말한다.

④ **동시신청**

   ㉠ 소유권이전등기와 환매특약등기: 동시신청, 공동신청, 신청서는 별개, 부기등기로

   ㉡ 신탁으로 인한 소유권이전등기와 신탁등기: 동시신청, 공동신청(원칙), 신탁등기는 수탁자의 단독신청, 동일 신청서

   ㉢ 1동의 건물에 속하는 구분건물의 일부에 보존등기시 나머지 구분건물의 표시등기: 동시신청, 대위신청

   ㉣ 건물 신축으로 인하여 비구분건물이 구분건물이 된 경우: 신축건물의 소유권보존등기와 다른 건물의 표시에 관한 등기(표시변경등기) 동시신청

(2) 등기신청에 대한 심사

① 형식적 심사

② **보정**

   ㉠ 신청의 잘못된 부분이 보정(補正)될 수 있는 경우로서 신청인이 등기관이 보정을 명한 날의 '다음 날'까지 그 잘못된 부분을 보정하였을 때에는 각하하지 아니한다.

   ㉡ 등기관에게 보정명령을 할 의무가 있는 것은 아니다.

   ㉢ 등기신청의 흠결에 대한 보정은 당사자 본인이나 그 대리인이 등기소에 출석하여 하여야 한다(예규 제1670호).

Tip
1. 보정통지(등기관 ⇨ 신청인)
   전자우편, 구두, 전화, 팩스 가능
2. 보정(신청인 ⇨ 등기관)
   • 방문신청시 등기관의 면전보정(서류반환 ×)
   • 전자신청시 보정은 전산정보처리조직에 의해야 함

③ **취하**
  ㉠ 서면으로 취하(단, 전자신청의 경우 전산정보처리조직을 이용한 취하)
  ㉡ 공동신청 ⇨ 공동취하(단독취하 ×)
  ㉢ 여러 개의 부동산에 관한 등기를 신청한 경우 일부취하 가능
  ㉣ 대리인이 신청한 경우 본인이 특별수권을 하지 않았다면 대리인은 취하 못함
  ㉤ 신청서와 부속서류 일체를 환부
    ㄴ 각하의 경우는 신청서 이외의 첨부서류만 환부

④ **각하**(법 제29조)
  ㉠ 관할 위반(제1호), 사건이 등기할 것이 아닌 경우(제2호)의 두 가지 각하 사유를 간과하고 기재된 경우 절대무효, 직권말소
  ㉡ 기타의 사유를 간과하고 기재한 경우라도 실체관계에 부합하면 유효
  ㉢ 이유를 기재한 결정으로 각하함
  ㉣ 각하시 신청서는 신청서 기타 부속서류편철장에 편철하고, 각하결정등본을 교부하거나 송달할 때에는 등기신청서 이외의 첨부서류도 함께 교부하거나 송달하여야 한다. 다만, 첨부서류 중 각하 사유를 증명할 서류는 이를 복사하여 해당 등기신청서에 편철한다.

핵심 등기신청의 각하 사유(법 제29조)

1. 사건이 그 등기소의 관할이 아닌 경우
2. 사건이 등기할 것이 아닌 경우
3. 신청할 권한이 없는 자가 신청한 경우
4. 방문신청방법에 따라 등기를 신청할 때에 당사자나 그 대리인이 출석하지 아니한 경우
5. 신청정보의 제공이 대법원규칙으로 정한 방식에 맞지 아니한 경우
6. 신청정보의 부동산 또는 등기의 목적인 권리의 표시가 등기기록과 일치하지 아니한 경우
7. 신청정보의 등기의무자의 표시가 등기기록과 일치하지 아니한 경우. 다만, 다음 각 목의 어느 하나에 해당하는 경우는 제외한다.
   가. 제27조에 따라 포괄승계인이 등기신청을 하는 경우
   나. 신청정보와 등기기록의 등기의무자가 동일인임을 대법원규칙으로 정하는 바에 따라 확인할 수 있는 경우

기출 동일한 신청서로 수개의 부동산에 관한 등기신청을 한 경우 일부 부동산에 대한 등기신청을 취하할 수 없다. (×)

기출 등기신청의 각하 사유가 아닌 것은? 제26회
① 공동가등기권자 중 일부의 가등기권자가 자기의 지분만에 관하여 본등기를 신청한 경우
② 구분건물의 전유부분과 대지사용권의 분리처분금지에 위반한 등기를 신청한 경우
③ 저당권을 피담보채권과 분리하여 양도하거나, 피담보채권과 분리하여 다른 채권의 담보로 하는 등기를 신청한 경우
④ 이미 보존등기된 부동산에 대하여 다시 보존등기를 신청한 경우
⑤ 법령에 근거가 없는 특약사항의 등기를 신청한 경우

▶ 정답 ①

8. 신청정보와 등기원인을 증명하는 정보가 일치하지 아니한 경우

9. 등기에 필요한 첨부정보를 제공하지 아니한 경우

10. 취득세, 등록면허세 또는 수수료를 내지 아니하거나 등기신청과 관련하여 다른 법률에 따라 부과된 의무를 이행하지 아니한 경우

11. 신청정보 또는 등기기록의 부동산의 표시가 토지대장·임야대장 또는 건축물대장과 일치하지 아니한 경우

∷ 참고 | 2025 개정

부동산등기규칙 제52조의2 【등기의무자의 동일성 판단 기준】
① 신청정보의 등기의무자의 표시에 관한 사항 중 주민등록번호(또는 부동산등기용등록번호)는 등기기록과 일치하고 주소(또는 사무소 소재지)가 일치하지 아니하는 경우에도 주소를 증명하는 정보에 의해 등기의무자의 등기기록상 주소가 신청정보상의 주소로 변경된 사실이 확인되어 등기의무자의 동일성이 인정되는 경우에는 법 제29조제7호나목에 따라 신청을 각하하지 아니한다.
② 등기의무자가 외국인, 국내에 영업소나 사무소의 설치 등기를 하지 아니한 외국법인, 법인 아닌 사단이나 재단인 경우에는 제1항을 적용하지 아니한다.
③ 등기의무자의 등기기록상의 주소가 신청에 따른 등기가 마쳐질 당시에 잘못 기록되는 등 등기명의인의 표시에 경정사유가 존재하는 경우에는 제1항을 적용하지 아니한다.

기출 ✎
1. 가등기상의 권리의 처분을 금지하는 가처분등기는 등기할 사항이 아닌 경우로 각하 사유이다. (×)
2. 가처분등기 후 그에 반하는 소유권이전등기신청이 있는 경우 등기관은 수리하여야 한다. (○)
3. 가등기에 기한 본등기를 금지하는 취지의 가처분등기의 촉탁이 있는 경우, 등기관은 이를 각하하여야 한다. (○) 제34회
4. 환매특약등기는 매매로 인한 소유권이전등기가 마쳐진 후에 신청해야 한다. (×) 제33회

핵심 사건이 등기할 것이 아닌 경우 제26회, 제27회, 제29회, 제30회, 제34회, 제35회

다음의 어느 하나에 해당하는 경우를 말한다.

1. 등기능력 없는 물건 또는 권리에 대한 등기를 신청한 경우

> ① 공유수면하의 토지, 터널, 교량, 구조상 공용부분, 점유권, 유치권, 동산질권 등
> ② 부동산 일부에 대한 소유권이전등기, 저당권설정등기
> ③ 지분(권리의 일부)에 대한 용익물권등기

2. 법령에 근거가 없는 특약사항의 등기를 신청한 경우

3. 구분건물의 전유부분과 대지사용권의 분리처분금지에 위반한 등기를 신청한 경우

4. 농지를 전세권설정의 목적으로 하는 등기를 신청한 경우

5. 저당권을 피담보채권과 분리하여 양도하거나, 피담보채권과 분리하여 다른 채권의 담보로 하는 등기를 신청한 경우

6. 일부 지분에 대한 소유권보존등기를 신청한 경우

7. 공동상속인 중 일부가 자신의 상속지분만에 대한 상속등기를 신청한 경우

8. 관공서 또는 법원의 촉탁으로 실행되어야 할 등기를 신청한 경우

9. 이미 보존등기된 부동산에 대하여 다시 보존등기를 신청한 경우

10. 그 밖에 신청취지 자체에 의하여 법률상 허용될 수 없음이 명백한 등기를 신청한 경우

> ① 가등기에 기한 본등기를 금지하는 가처분
> ② 매매로 인한 소유권이전등기와 동시에 하지 않은 환매특약등기신청
> ③ 소유권이전등기말소청구권을 보전하기 위한 가등기를 신청한 경우
> ④ 부동산의 합유지분에 대한 가압류등기

꼭 보세요!

1. 공유지분에 대한 전세권설정등기는 할 수 있다. (×) - 할 수 없다.

2. 공동가등기권자 중 일부의 가등기권자가 자기의 지분만에 관하여 본등기를 신청한 경우 등기관은 이를 수리하여 등기하여야 한다. (○)

3. 합유자 중 1인의 지분에 대한 가압류기입등기촉탁이 있는 경우 등기신청의 각하사유 중 '사건이 등기할 것이 아닌 때'에 해당한다. (○)

4. 甲소유 농지에 대하여 乙이 전세권설정등기를 신청한 경우 등기관은 이를 수리하여 등기하여야 한다. (×) - 각하

5. 법령에 근거가 없는 특약사항의 등기를 신청한 경우 등기관은 이를 수리하여 등기하여야 한다. (×) - 각하

6. 공동상속인 甲과 乙 중 甲이 자신의 상속지분만에 대한 상속등기를 신청한 경우 등기관은 이를 각하하여야 한다. (○)

7. 구분건물의 전유부분과 대지사용권의 분리처분금지에 위반한 등기를 신청한 경우 등기관은 이를 수리하여 등기하여야 한다. (×) - 각하

8. 저당권을 피담보채권과 분리하여 양도하거나, 피담보채권과 분리하여 다른 채권의 담보로 하는 등기를 신청한 경우 등기관은 이를 수리하여 등기하여야 한다. (×)

기출

1. 가압류결정에 의하여 가압류채권자 甲이 乙소유 토지에 대하여 가압류등기를 신청한 경우는 등기가 가능하다. (×)

2. 채권자 乙의 등기신청에 의한 甲소유 토지에 대한 가압류등기가 실행된 경우라면 등기관이 직권말소할 수 있다. (○)

3. 농지를 목적으로 하는 전세권설정등기가 실행된 경우, 등기관은 이를 직권으로 말소할 수 있다. (○)

4. 위조한 개명허가서를 첨부한 등기명의인 표시변경등기신청은 「부동산등기법」 제29조 제2호의 '사건이 등기할 것이 아닌 경우'에 해당하므로 각하하여야 한다. (×) 제34회

심화 **부동산의 일부와 권리의 일부**

구분	소유권 보존등기	소유권이전등기, 저당권설정등기	지상권, 전세권, 임차권설정등기	지역권설정
부동산의 일부	×	×	○(도면)	승역지 지역권 ○ 요역지 지역권 ×
권리의 일부 (지분)	×	○	×	×

1. 1인의 전원명의 소유권보존등기: 가능
　 자기 지분만 소유권보존등기: 불가능
2. 상속인 1인의 전원명의 상속등기: 가능
　 자기 지분만 상속등기: 불가능
3. 공동가등기권자 중 1인의 전원명의 본등기: 불가능
　 자기 지분만 본등기: 가능
4. 포괄유증시 수인의 전원이 전원명의의 등기: 가능
　 수증자 중 1인의 자기 지분만 등기: 가능

(3) 등기의 실행(기록)

① 등기관은 등기사무를 전산정보처리조직을 이용하여 등기부에 등기사항을 기록하는 방식으로 처리하여야 한다.

② 등기관은 접수번호의 순서에 따라 등기사무를 처리하여야 한다.

(4) 완료

등기사무를 처리한 등기관이 누구인지 알 수 있는 조치를 하여야 한다. 등기관이 누구인지 알 수 있도록 하는 조치는 각 등기관이 미리 부여받은 식별부호를 기록하는 방법으로 한다.

(5) 등기완료 후의 절차 제24회, 제34회

① **등기필정보 작성·교부**: 등기권리자(등기명의인이 된 신청인)에게 등기관이 새로운 권리에 관한 등기를 마쳤을 때에는 등기필정보를 작성하여 등기권리자에게 통지하여야 한다. 다만, 다음의 어느 하나에 해당하는 경우에는 그러하지 아니하다.

　㉠ 등기권리자가 등기필정보의 통지를 원하지 아니하는 경우

　㉡ 국가 또는 지방자치단체가 등기권리자인 경우

> **∎∎참고** | 등기필정보 통지의 상대방(등기규칙 제108조)
>
> 1. 등기관은 등기를 마치면 등기필정보를 등기명의인이 된 신청인에게 통지한다. 다만, 관공서가 등기권리자를 위하여 등기를 촉탁한 경우에는 대법원예규로 정하는 바에 따라 그 관공서 또는 등기권리자에게 등기필정보를 통지한다.
> 2. 법정대리인이 등기를 신청한 경우에는 그 법정대리인에게, 법인의 대표자나 지배인이 신청한 경우에는 그 대표자나 지배인에게, 법인 아닌 사단이나 재단의 대표자나 관리인이 신청한 경우에는 그 대표자나 관리인에게 등기필정보를 통지한다.

ⓒ 등기필정보를 전산정보처리조직으로 통지받아야 할 자가 수신이 가능한 때부터 3개월 이내에 전산정보처리조직을 이용하여 수신하지 않은 경우

ⓔ 등기필정보통지서를 수령할 자가 등기를 마친 때부터 3개월 이내에 그 서면을 수령하지 않은 경우

ⓜ 승소한 등기의무자가 등기신청을 한 경우

ⓗ 채권자가 등기권리자를 대위하여 등기신청을 한 경우

ⓢ 등기관이 직권으로 소유권보존등기를 한 경우

ⓞ 공유자 중 일부가 「민법」 제265조 단서에 따른 공유물의 보존행위로서 공유자 전원을 등기권리자로 하여 권리에 관한 등기를 신청한 경우(등기권리자가 그 나머지 공유자인 경우로 한정한다)

② **등기완료의 통지** : 등기완료통지는 신청인 및 다음 중 어느 하나에 해당하는 자에게 하여야 한다.

ⓐ 승소한 등기의무자의 등기신청에 있어서 등기권리자

ⓑ 대위자의 등기신청에서 피대위자

ⓒ 직권 소유권보존등기에서 등기명의인

ⓓ 등기필정보가 없어 일정한 확인을 받은 등기신청에서 등기의무자

ⓔ 공유자 중 일부가 「민법」 제265조 단서에 따른 공유물의 보존행위로서 공유자 전원을 등기권리자로 하여 권리에 관한 등기를 신청한 경우 그 나머지 공유자

ⓕ 관공서가 촉탁하는 등기에서 관공서

③ **법률행위성립증서의 반환** : 신청서에 첨부된 원인증명정보를 담고 있는 서면이 법률행위의 성립을 증명하는 서면이거나 대법원예규로 정하는 서면일 때에는 등기관이 등기를 마친 후에 이를 신청인에게 반환해야 한다.

> **기출** 채권자 甲이 채권자대위권에 의하여 채무자 乙을 대위하여 등기신청하여 등기를 마친 경우, 등기관은 乙에게 등기완료의 통지를 하여야 한다. (○)

> **기출** 등기관이 등기를 마쳤을 때에 등기완료통지를 하여야 할 필요가 <u>없는</u> 자는? 제24회
> ① 행정구역 변경으로 인하여 등기관이 직권으로 행한 주소변경등기에서 등기명의인
> ② 미등기부동산의 처분제한등기를 할 때에 등기관이 직권으로 행한 소유권보존등기에서 등기명의인
> ③ 관공서가 촉탁하는 등기에서 관공서
> ④ 판결에서 승소한 등기의무자의 등기신청에서 등기의무자
> ⑤ 등기필정보를 제공해야 하는 등기신청에서 등기필정보를 제공하지 않고 확인정보 등을 제공한 등기의무자
>
> ▶ 정답 ①

④ **소유권 변경사실의 통지**(지체 없이 대장소관청에게): 가등기 불포함

ㄱ 소유권의 보존 또는 이전등기

ㄴ 소유권의 등기명의인표시의 변경(경정)등기

ㄷ 소유권의 변경(또는 경정)등기

ㄹ 소유권의 말소 또는 말소회복등기

⑤ **과세자료의 통지**(지체 없이 세무서장에게): 가등기 포함

소유권의 보존 또는 이전등기

> 제**4**절 **이의신청** 제26회, 제27회, 제28회, 제30회, 제31회, 제34회

기출 등기관의 처분에 대한 이의
신청에 관한 내용으로 틀린 것은?
제26회

① 이의신청은 새로운 사실이나 새
로운 증거방법을 근거로 할 수
있다.

② 상속인이 아닌 자는 상속등기
가 위법하다 하여 이의신청을
할 수 없다.

③ 이의신청은 구술이 아닌 서면
으로 하여야 하며, 그 기간에는
제한이 없다.

④ 이의에는 집행정지의 효력이
없다.

⑤ 등기신청의 각하결정에 대한
이의신청은 등기관의 각하결정
이 부당하다는 사유로 족하다.

▶ 정답 ①

꼭 보세요!

1. 등기신청의 각하결정에 대하여는 등기신청인인 등기권리자 및 등기의무자에 한하여
   이의신청을 할 수 있고, 이해관계 있는 제3자는 이의신청을 할 수 없다. (○)
2. 등기관의 처분에 대한 이의에는 집행정지의 효력이 없고, 기간의 제한도 없으므로 이
   의의 이익이 있는 한 언제라도 이의신청을 할 수 있다. (○)
3. 관할 지방법원은 이의신청에 대하여 결정하기 전에 등기관에게 이의가 있다는 뜻의 부
   기등기를 명령할 수 있다. (○)
4. 상속인이 아닌 자는 상속등기가 위법하다 하여 이의신청을 할 수 없다. (○)

(1) **등기관의 결정 또는 처분이 부당할 때**(부당은 처분시를 기준으로 판단)

사후의 자료는 고려 ×(새로운 사실이나 증거방법으로는 이의제기 못함)

(2) **이의신청 사유**

① **소극적 부당**: 사유 불문

② **적극적 부당**: 법 제29조 제1호 · 제2호 사유 이외에는 이의신청 못함

(3) **이의신청인**

① **소극적 부당의 경우**: 등기권리자, 등기의무자에 한함

② **적극적 부당의 경우**: 등기상 이해관계 있는 제3자

(4) **관할 지방법원에 이의신청**

구체적으로 결정 또는 처분을 한 등기관이 속한 <u>등기소에 이의신청서를 제출</u>
<u>하거나 전산정보처리조직을 이용하여 이의신청정보를 보내는 방법</u>으로 한다.

기출 이의신청은 대법원규칙으
로 정하는 바에 따라 관할 지방법
원에 이의신청서를 제출하는 방법
으로 한다. (×) 제34회

기출 등기관은 이의가 이유 있
다고 인정하더라도 그에 해당하는
처분을 해서는 아니 되고 관할 지
방법원에 보내 그 결정에 따라야
한다. (×)

(5) 등기관의 조치

① 이유 있다. : 직권말소(법 제29조 제1호·제2호) 또는 신청된 등기 실행

② 이유 없다. : 3일 이내 의견서 첨부하여 관할지법에 송부

(6) 관할 지방법원의 조치

① **결정 전** : 등기관에게 가등기 또는 이의가 있다는 취지의 부기등기를 명할 수 있다.

② **이유를 붙인 결정**

㉠ 이유 있다. : 등기관에게 해당하는 처분을 명령
(결정등본을 등기관과 이의신청인 및 이해관계인에 송달)

㉡ 이유 없다. : 신청을 기각(각하 포함)
(결정등본을 등기관과 이의신청인에게 통지)
(⇨ 신청인은 「비송사건절차법」에 따른 항고 및 재항고 가능)

> **법 제107조【관할 법원의 명령에 따른 등기】** 등기관이 관할 지방법원의 명령에 따라 등기를 할 때에는 명령을 한 지방법원, 명령의 연월일 및 명령에 따라 등기를 한다는 뜻을 기록하여야 한다.

(7) 이의신청의 기간 제한 없음

(8) 이의는 집행정지 효력 없음

❚❚ 참고❚ 이의신청인(등기예규 제1411호 참조)

1. 등기신청의 각하결정에 대하여는 등기신청인인 등기권리자 및 등기의무자에 한하여 이의신청을 할 수 있고, 제3자는 이의신청을 할 수 없다.

2. 등기를 실행한 처분에 대하여는 등기상 이해관계 있는 제3자가 그 처분에 대한 이의신청을 할 수 있다. 그 이의신청을 할 수 있는지의 여부에 대한 구체적 예시는 다음과 같다.
   ① 채권자가 채무자를 대위하여 경료한 등기가 채무자의 신청에 의하여 말소된 경우에는 그 말소처분에 대하여 채권자는 등기상 이해관계인으로서 이의신청을 할 수 있다.
   ② 상속인이 아닌 자는 상속등기가 위법하다 하여 이의신청을 할 수 없다.
   ③ 저당권설정자는 저당권의 양수인과 양도인 사이의 저당권이전의 부기등기에 대하여 이의신청을 할 수 없다.

④ 등기의 말소신청에 있어 법 제57조 소정의 이해관계 있는 제3자의 승낙서 등 서면이 첨부되어 있지 아니하였다는 사유는 제3자의 이해에 관한 것이므로, 말소등기의무자는 말소처분에 대하여 이의신청을 할 수 있는 등기상 이해관계인에 해당되지 아니하여 이의신청을 할 수 없다.

::참고| 방문신청을 하고자 하는 신청인은 신청서를 등기소에 제출하기 전에 전산정보처리조직에 신청정보를 입력하고, 그 입력한 신청정보를 서면으로 출력하여 등기소에 제출하는 방법으로 할 수 있다 (전자표준양식에 의한 방문신청).

| **꼭 보세요!** |

1. 법인 아닌 사단은 전자신청을 할 수 없다. (○)
2. 자격자대리인이 아닌 사람도 타인을 대리하여 전자신청을 할 수 있다. (×) − 전자신청의 대리는 자격자대리인에 한한다.
3. 전자신청을 하고자 하는 당사자 또는 변호사나 법무사(법무법인 등은 제외)는 개인 공인인증서를 발급받아 최초의 전자신청 전에 등기소에 직접 출석하여 미리 사용자등록을 받아야 한다. (○)
4. 전자표준양식에 의한 등기신청의 경우, 자격자대리인(법무사 등)이 아닌 자도 타인을 대리하여 등기를 신청할 수 있다. (○)

보충 전산정보처리조직을 이용한 부동산등기신청
(예규 제1440 · 1477 · 1372 · 1391 · 1447 · 1154 · 1397호 참조)

1. 지정등기소의 지정
   법원행정처장이 전자신청을 할 수 있는 등기소로 지정한 등기소(전자신청 등기소) 관할의 부동산 및 등기유형에 관해서는 전자신청을 할 수 있다.

2. 전자신청을 할 수 있는 자
   ① 사용자등록을 한 자연인(외국인 포함)과 「상업등기법」에 따른 전자증명서를 발급받은 법인은 전자신청을 할 수 있다. 제29회

   > 다만, 외국인의 경우에는 ㉠ 「출입국관리법」에 따른 외국인등록이나 ㉡ 「재외동포의 출입국과 법적 지위에 관한 법률」에 따른 국내거소 신고를 하여야 한다.

   다만, 법인 아닌 사단이나 재단은 전자신청을 할 수 없다.
   ② 변호사나 법무사[법무법인 · 법무법인(유한) · 법무사합동법인을 포함한다. 이하 '자격자대리인'이라 한다]가 아닌 자는 다른 사람을 대리하여 전자신청을 할 수 없다. 제27회

   > 자격자대리인이 외국인인 경우에도 외국인등록이나 국내거소 신고를 하여야 한다.

기출
1. 법인 아닌 사단은 전자신청을 할 수 없다. (○)
2. 자격자대리인이 아닌 사람도 타인을 대리하여 전자신청을 할 수 있다. (×)

3. 사용자등록

① 전자신청을 하기 위해서는 그 등기신청을 하는 당사자 또는 등기신청을 대리할 수 있는 자격자대리인이 최초의 등기신청 전에 사용자등록을 하여야 한다.

② 전자신청을 하고자 하는 당사자 또는 변호사나 자격자대리인은 개인공인인증서(이하 '공인인증서'라 한다)를 발급받아 최초의 전자신청 전에 등기소(주소지나 사무소 소재지 관할 이외의 등기소에서도 할 수 있다)에 직접 출석하여 미리 사용자등록을 하여야 한다(예규 제1391호). 사용자등록신청서에는 신청인의 인감증명과 주소증명서면을 첨부하여야 한다.

③ 사용자등록의 유효기간 및 유효기간의 연장(예규 제1391호)

　㉠ 사용자등록의 유효기간은 3년으로 한다. 다만, 자격자대리인 외의 자의 경우에는 대법원예규로 정하는 바에 따라 그 기간을 단축할 수 있다.

　㉡ 사용자등록을 한 사람은 유효기간 만료일 3개월 전부터 만료일까지 사이에 유효기간의 연장을 신청할 수 있다. 다만 연장기간은 ㉠의 기간으로 한다. 연장은 전자문서(사용자등록관리시스템)로 할 수 있다.

4. 전자신청의 방법

① 전산정보처리조직을 이용하여 등기를 신청하는 경우에는 법 제29조 제4호(출석신청주의)를 적용하지 아니한다.

② 전자신청을 하는 경우에는 신청정보의 내용으로 등기소에 제공하여야 하는 정보를 전자문서로 등기소에 송신하여야 한다. 이 경우 사용자등록번호도 함께 송신하여야 한다.

③ 인감증명서정보의 송신 불요 : 규칙 제60조, 제61조 및 기타 규정에 의하여 인감증명을 제출하여야 하는 자가 인증서정보(인감증명을 제출하여야 하는 자가 법인인 경우에는 '전자증명서정보'를 말한다)를 송신한 때에는 인감증명서정보의 송신을 요하지 않는다(예규 제1714호).

Chapter 04

여러 가지 권리의 등기

제**1**절 **소유권보존등기** 제25회, 제26회, 제27회, 제29회, 제30회, 제31회, 제33회, 제34회

꼭 보세요!

1. 법원이 미등기부동산에 대한 소유권의 처분제한등기를 촉탁한 경우, 등기관은 직권으로 소유권보존등기를 하여야 한다. (○)
2. 미등기토지에 가처분등기를 하기 위하여 등기관이 직권으로 소유권보존등기를 한 경우, 법원의 가처분등기말소촉탁이 있으면 직권으로 소유권보존등기를 말소한다. (×) − 가처분등기가 말소되어도 이미 실행된 소유권보존등기는 말소하지 않는다.
3. 2인 공유인 미등기토지에 대하여 공유자 중 1인은 공유자 전원을 위하여 토지 전부에 대하여 소유권보존등기를 신청할 수 있다. (○)
4. 토지대장상 최초의 소유자인 甲의 미등기토지가 상속된 경우, 甲명의로 보존등기를 한 후 상속인명의로 소유권이전등기를 한다. (×) − 상속인명의로 바로 소유권보존등기를 실행한다.
5. 甲이 신축한 미등기건물을 甲으로부터 매수한 乙은 甲명의로 소유권보존등기 후 소유권이전등기를 해야 한다. (○)
6. 미등기토지의 지적공부상 국가로부터 소유권이전등록을 받은 소유명의인은 국가명의의 보존등기 후 소유권이전등기를 하여야 한다. (×) − 국가로부터 이전등록받은자의 명의로 바로 보존등기한다.
7. 건물에 대하여 국가를 상대로 한 소유권 확인판결에 의해서 자기의 소유권을 증명하는 자는 소유권보존등기를 신청할 수 있다. (×) − 건물은 국가를 상대로 할 수 없다.
8. 확정판결에 의하여 자기의 소유권을 증명하여 소유권보존등기를 신청할 경우, 소유권을 증명하는 판결은 소유권확인판결에 한한다. (×) − 한하지 않는다.
9. 자치구 구청장의 확인에 의하여 자기의 토지소유권을 증명하는 자는 소유권보존등기를 신청할 수 있다. (×) − 토지가 아닌 건물에 대하여 할 수 있다.
10. 등기관이 소유권보존등기를 할 때에는 등기부에 등기원인과 그 연월일을 기록하여야 한다. (×) − 기록하지 않는다.

기출 집합건물에 있어서 규약에 따른 공용부분이라는 뜻의 등기가 이루어진 후에 그 규약이 폐지된 경우, 그 공용부분의 취득자는 지체 없이 소유권보존등기를 신청하여야 한다. (○)

(I) 소유권보존등기의 대상

① 원시취득에 의한 단독신청

② 직권 소유권보존등기

③ 규약상 공용부분인 취지의 말소

> **::참고|** 부동산의 일부, 권리의 일부에 대한 소유권보존등기
>
> 1. 부동산의 일부에 대한 보존등기는 허용되지 않는다(단, 구분건물 주의).
> 2. 미등기부동산을 수인이 공유할 때
>   ① 공유자 전원이 전원 명의의 소유권보존등기신청이 원칙
>   ② 공유자 1인이 (보존행위로서) 전원을 위하여 부동산 전부 소유권보존등기 신청 가능
>   ③ 공유자 1인이 그 자신의 지분만(권리의 일부)의 소유권보존등기신청 ×
>   ④ 공유자 1인이 자기 단독명의 소유권보존등기를 실행 ⇨ 그 자의 지분에 관하여는 말소할 수 없으므로 전부말소 못하고 일부말소의 의미를 갖는 소유자전원명의의 경정등기함

비/교
1. 상속지분만의 소유권이전등기(= 공동상속인 중 1인의 자기지분만 상속등기 신청)×
2. 가등기권리자 중 한 사람이 자신의 지분에 관하여 단독으로 그 가등기에 기한 본등기 청구 ○(그러나 1인이 전원에 대한 본등기는 ×)

(2) 소유권보존등기의 신청인(법 제65조)

장(제1호), 판(제2호), 수(제3호), 특도, 시장·군수·구청장(제4호)

① **대장에 최초의 소유자로 등록되어 있는 자 또는 그 상속인, 그 밖의 포괄승계인**
  ㉠ 피상속인이 최초 소유자로 등록 ⇨ 상속인명의 보존등기 ○
  ㉡ 유증자가 최초 소유자로 등록 ⇨ 포괄유증받은 자 ○, 특정유증받은 자 ×
  ㉢ 소유권이전등록받은 자 ⇨ 보존등기 ×(최초 소유자가 아니므로)

  > 단, 이전등록받은 자인 경우에도 미등기토지의 지적공부상 '국'으로부터 소유권이전등록을 받은 경우 ⇨ 보존등기 ○

② **확정판결에 의하여 자기의 소유권을 증명하는 자**
  ㉠ 판결 상대방은 '대장상 소유자로 등록되어 있는 자'
  ㉡ **상대방 특정 못할 때**
    ⓐ **토지**: 국가 상대로 판결 ○
    ⓑ **건물**: 국가(건축주, 건축허가명의인)를 상대로 한 판결 ×
  ㉢ 판결 종류 불문(이행, 확인, 형성). 단, 보존등기신청인의 소유임을 확정하는 내용이어야 한다(판결과 동일한 효력이 있는 화해조서, 인낙조서 등 포함).

기출
1. 일부 지분에 대한 소유권보존등기를 신청한 경우에는 그 등기신청은 각하되어야 한다. (○)
2. 대장에 최초 소유자로 등록된 자의 상속인은 보존등기를 신청할 수 있다. (○) 제33회
3. 미등기건물의 건축물대장에 최초의 소유자로 등록된 자로부터 포괄증여를 받은 자는 그 건물에 관한 소유권보존등기를 신청할 수 있다. (○) 제34회
4. 미등기토지를 토지대장상의 소유자로부터 증여받은 자는 직접 자기명의로 소유권보존등기를 신청할 수 있다. (×)
5. 법원이 미등기부동산에 대한 소유권의 처분제한등기를 촉탁한 경우, 등기관은 직권으로 소유권보존등기를 하여야 한다. (○) 제33회

기출
1. 건물에 대하여 국가를 상대로 한 소유권확인판결에 의해서 자기의 소유권을 증명하는 자는 소유권보존등기를 신청할 수 있다. (×)
2. 소유권보존등기의 신청인이 그의 소유권을 증명하기 위한 판결은 그가 소유자임을 증명하는 확정판결이면 충분하다. (○)
3. 토지에 관한 소유권보존등기의 경우, 해당 토지가 소유권보존등기 신청인의 소유임을 이유로 소유권보존등기의 말소를 명한 확정판결에 의해서 자기의 소유권을 증명하는 자는 소유권보존등기를 신청할 수 있다. (○)
4. 군수의 확인에 의해 미등기건물에 대한 자기의 소유권을 증명하는 자는 보존등기를 신청할 수 있다. (○) 제33회, 제34회
5. 미등기토지에 관한 소유권보존등기는 수용으로 인해 소유권을 취득했음을 증명하는 자도 신청할 수 있다. (○) 제33회

해당 ○	ⓐ 해당 부동산이 보존등기신청인의 소유임을 이유로 소유권보존등기의 말소를 명한 판결
	ⓑ 토지대장상 공유인 미등기토지에 대한 공유물분할의 판결(다만, 이 경우에는 공유물분할의 판결에 따라 토지의 분필절차를 먼저 거친 후에 보존등기를 신청하여야 한다)
해당 ×	매수인이 매도인을 상대로 토지의 소유권이전등기를 구하는 소송에서 매도인이 매수인에게 매매를 원인으로 한 소유권이전등기절차를 이행하고 해당 토지가 매도인의 소유임을 확인한다는 내용의 화해조서

③ 수용으로 인하여 소유권을 취득하였음을 증명하는 자(**예** 수용재결서)

④ 특별자치도지사, 시장, 군수 또는 구청장의 확인에 의하여 소유권을 증명하는 자(건물만)

> **∷참고 │ 사실확인서**
>
> 시장 등이 발급한 사실확인서로서, ① 건물의 소재와 지번, 건물의 종류, 구조, 면적 등 건물의 표시와 ② 소유자의 표시 및 ③ 그 건물이 완성되어 존재한다는 사실이 기재되어 있고, 특히 집합건물의 경우에는 1동 건물의 표시 및 1동의 건물을 이루는 모든 구분건물의 표시가 구체적으로 기재되어 있다면 건물소유권을 확인하는 서면에 해당할 수 있을 것이다. 다만, 구체적인 경우에 그 해당 여부는 담당등기관이 판단할 사항이다(예규 제1483호).

(3) 소유권보존등기 신청절차

기출 등기관이 소유권보존등기를 할 때에는 등기부에 등기원인과 그 연월일을 기록하여야 한다. (×)
제33회

① 신청서에 등기원인과 연월일 기재 ×, 신청 근거규정(법 제65조 각 호) 기재 ○

② 대장등본, 주소증명정보 제공 ○

③ 등기의무자의 등기필정보 제공 ×, 인감증명 제공 ×, 제3자 허가동의서 제공 ×

④ 등기완료 후 소유자변경 통지(대장소관청) ○

⑤ 등기완료 후 과세자료 통지(세무서장) ○

⑥ 등기완료 후 등기필정보 작성·통지 ○(단, 직권 소유권보존등기시 작성 ×)

제2절 소유권이전등기 제27회, 제28회, 제29회, 제30회, 제31회, 제32회, 제33회, 제34회, 제35회

꼭 보세요!

1. 2006.1.1. 전에 작성된 매매계약서를 등기원인증서로 하여 소유권이전등기를 신청하는 때에는 거래가액을 등기하지 않는다. (○)
2. 등기원인이 매매라면 등기원인증서가 판결서 등인 경우에도 거래가액을 등기하여야 한다. (×) − 판결서인 경우는 거래가액등기하지 않는다.
3. 거래가액을 신청정보의 내용으로 제공하는 경우, 1개의 부동산에 관한 매매계약인 때에는 매매목록을 첨부정보로 제공하는 경우가 없다. (×) − 경우가 있다.

핵심 실거래가액 신고 관련「부동산등기법」개정

(2006.6.1. 시행 − 2006.1.1. 이후 계약분부터 적용)

1. 매매에 관한 거래계약서를 등기원인을 증명하는 서면으로 하여 소유권이전등기를 신청하는 경우에는 대법원규칙이 정하는 거래신고필증과 매매목록을 등기신청시 첨부하여야 한다.
2. 이 경우 신청서에 거래신고필증에 기재된 거래가액을 기재하여야 하고
3. 등기부에 그 거래가액을 갑구의 권리자 및 기타사항란에 기재하여야 한다.

보충 거래가액 등기(예규 제1395호 참조)

1. 거래가액 등기의 대상 제32회, 제33회
   ① 거래가액은 2006.1.1. 이후 작성된 매매계약서를 등기원인증서로 하여 소유권이전등기를 신청하는 경우에 등기한다.
   ② 거래가액 등기를 하지 않는 경우
      ㉠ 2006.1.1. 이전에 작성된 매매계약서에 의한 등기신청을 하는 때
      ㉡ 등기원인이 매매라 하더라도 등기원인증서가 판결, 조정조서 등 매매계약서가 아닌 때
      ㉢ 매매계약서를 등기원인증서로 제출하면서 소유권이전등기가 아닌 소유권이전청구권가등기를 신청하는 때
2. 거래가액의 등기 − 권리자 및 기타사항란에 기록사항
   ① 매매목록의 제출이 필요 없는 경우: 신고필증에 기재된 금액을 등기부 중 갑구의 권리자 및 기타사항란에 거래가액으로 기록한다.
   ② 매매목록이 제출된 경우: 신청서에 첨부된 매매목록을 전자적으로 작성하여 번호를 부여하고 등기부 중 갑구의 권리자 및 기타사항란에는 그 매매목록의 번호를 기록하며 매매목록에는 거래가액과 부동산의 표시를 전자적으로 기록한다.

기출
1. 신고 관할관청이 같은 거래부동산이 2개 이상인 경우, 신청인은 매매목록을 첨부정보로서 등기소에 제공해야 한다. (○) 제33회
2. 거래부동산이 1개라 하더라도 여러 명의 매도인과 여러 명의 매수인 사이의 매매계약인 경우에는 매매목록을 첨부정보로서 등기소에 제공해야 한다. (○) 제33회

참고 | 중개업자 또는 거래당사자(매수인 및 매도인)가 부동산 실거래가 신고필증을 교부받은 때에는 매수인은「부동산등기 특별조치법」제3조 제1항의 규정에 의한 검인을 받은 것으로 본다.

기출
1. 2020년에 체결된 부동산매매계약서를 등기원인을 증명하는 정보로 하여 소유권이전등기를 신청하는 경우에는 거래가액을 신청정보의 내용으로 제공하여야 한다. (○) 제32회
2. 거래가액을 신청정보의 내용으로 제공하는 경우, 1개의 부동산에 관한 여러 명의 매도인과 여러 명의 매수인 사이의 매매계약인 때에는 매매목록을 첨부정보로 제공하여야 한다. (○) 제32회
3.「부동산 거래신고 등에 관한 법률」제3조 제1항 제1호의 부동산 매매계약의 계약서를 등기원인증명서로 하는 소유권이전등기를 실행하는 경우 등기관은 거래가액을 등기기록 중 갑구의 등기원인란에 기록하는 방법으로 등기한다. (×) 제33회

1. 합유등기를 하는 경우 합유자의 이름과 각자의 지분비율이 기록되어야 한다. (×)

2. 2인의 합유자 중 1인이 사망한 경우, 잔존 합유자는 그의 단독소유로 합유명의인 변경등기신청을 할 수 있다. (○)

3. 합유자 중 1인이 다른 합유자 전원의 동의를 얻어 합유지분을 처분하는 경우, 지분이전등기를 신청할 수 없다. (○)

4. 공유자 중 1인의 지분포기로 인한 소유권이전등기는 지분을 포기한 공유자가 단독으로 신청한다. (×) 제30회, 제34회

5. 등기된 공유물분할금지기간 약정을 갱신하는 경우 공유자 중 1인이 단독으로 변경을 신청할 수 있다. (×) 제30회, 제32회

6. 등기된 공유물분할금지기간약정을 갱신하는 경우, 이에 대한 변경등기는 공유자 전원이 공동으로 신청하여야 한다. (○)

7. 공유물분할금지약정이 등기된 부동산의 경우에 그 약정상 금지기간 동안에는 그 부동산의 소유권 일부에 관한 이전등기를 할 수 없다. (×) 제32회

8. 1필의 토지 일부를 특정하여 구분소유하기로 하고 1필지 전체에 공유지분등기를 마친 경우 대외관계에서는 1필지 전체에 공유관계가 성립한다. (○) 제30회

9. 구분소유적 공유관계에 있는 1필의 토지를 특정된 부분대로 단독소유하기 위해서는 분필등기한 후 공유자 상호간에 명의신탁해지를 원인으로 하는 지분소유권이전등기를 신청한다. (○)

:: 참고 | 매매목록 제32회, 제33회

1. **매매목록의 의의**

   매매목록은 거래신고의 대상이 되는 부동산이 2개 이상인 경우에 작성하고, 그 매매목록에는 거래가액과 목적부동산을 기재한다(1개의 계약서에 의해 2개 이상의 부동산을 거래한 경우라 하더라도, 관할 관청이 달라 개개의 부동산에 관하여 각각 신고한 경우에는 매매목록을 작성할 필요가 없다). 다만, 거래되는 부동산이 1개라 하더라도 여러 사람의 매도인과 여러 사람의 매수인 사이의 매매계약인 경우에는 매매목록을 작성한다.

2. 제출된 매매목록의 등본을 발급받거나 열람하기 위해서는 그 부동산의 등기부 등·초본 발급이나 열람을 신청할 때에 매매목록을 포함하여 신청한다는 취지를 기재하여야 한다.

3. **매매목록의 경정, 변경**

   등기된 매매목록은 당초의 신청에 착오가 있는 경우 또는 등기관의 과오로 잘못 기록된 경우 이외에는 경정 또는 변경할 수 없다.

꼭 보세요!

1. 등기관이 소유권일부이전등기를 할 경우, 이전되는 지분을 기록해야 한다. (○)

2. 甲과 乙이 토지를 공유하기로 하고 매수하여 이전등기를 신청하는 경우, 신청서에 그 지분을 적지 않아도 된다. (×) − 공유지분은 적어야 한다.

3. 갑구 순위번호 2번에 기록된 A의 공유지분 4분의 3 중 절반을 B에게 이전하는 경우, 등기목적란에 '2번 A지분 4분의 3 중 일부(2분의 1) 이전'으로 기록한다. (×) − 2번 A지분 4분의 3 중 일부(8분의 3)

4. 합유등기에는 합유지분을 표시한다. (×) − 지분을 표시하지 않는다.

5. 등기된 공유물분할금지기간약정을 갱신하는 경우, 이에 대한 변경등기는 공유자 전원이 공동으로 신청하여야 한다. (○)

핵심 공동소유 제28회, 제29회, 제30회, 제31회

1. **공유**: 지분 있음 − 공유자별 지분등기 ○(신청정보에 지분 표시)
   - 등기관이 소유권의 일부에 관한 이전등기를 할 때에는 이전되는 지분을 기록하여야 하고, 그 등기원인에 분할금지약정이 있을 때에는 그 약정에 관한 사항도 기록하여야 한다.

2. **합유**: 지분 있음 − 합유자별 지분등기 ×(신청정보에 합유 뜻 기록)
   ① 「민법」상 조합 명의 × − 조합원 전원명의의 합유등기 ○
   ② 신탁등기의 수탁자가 여러 명인 경우 − 수탁자 합유등기 ○

3. **총유**: 지분 없음 − 총유등기 없음(권리능력 없는 사단 또는 재단을 등기명의인으로 등기)

┃ **꼭 보세요!** ┃

1. 수용에 의한 소유권이전등기를 할 때 수용개시일 이전의 상속을 원인으로 한 수용개시일 이후에 마쳐진 소유권이전등기는 등기관이 직권으로 말소할 등기가 아니다. (○)
2. 수용에 의한 소유권이전등기를 할 경우, 그 부동산의 처분제한등기와 그 부동산을 위해 존재하는 지역권등기는 직권으로 말소할 수 없다. (×) − 처분제한등기는 직권말소할 수 있다.
3. 甲소유 토지에 대해 사업시행자 乙이 수용보상금을 지급한 뒤 乙명의로 재결수용에 기한 소유권이전등기를 하는 경우, 수용개시일 후 甲이 丙에게 매매를 원인으로 경료한 소유권이전등기는 직권말소된다. (○)
4. 미등기토지에 관한 소유권보존등기는 수용으로 인해 소유권을 취득했음을 증명하는 자도 신청할 수 있다. (○)
5. 수용에 의한 소유권이전등기 완료 후 수용재결의 실효로 그 말소등기를 신청하는 경우, 피수용자 단독으로 기업명의의 소유권이전등기 말소등기신청을 할 수 없다. (○)
6. 수용으로 인한 소유권이전등기를 하는 경우, 등기권리자는 그 목적물에 설정되어 있는 근저당권설정등기의 말소등기를 단독으로 신청하여야 한다. (×) − 단독신청이 아닌 직권으로 말소 한다.
7. 진정명의회복을 원인으로 하는 소유권이전등기에는 등기원인일자를 기록하지 않는다. (○)
8. 甲소유 토지에 대해 甲과 乙의 가장매매에 의해 乙 앞으로 소유권이전등기가 된 후에 선의의 丙 앞으로 저당권설정등기가 설정된 경우, 甲과 乙은 공동으로 진정명의회복을 위한 이전등기를 신청할 수 없다. (×) − 할 수 있다.
9. 매매로 인한 소유권이전등기 이후에 환매특약등기를 신청한 경우 등기관은 이를 수리하여야 한다. (×) − 각하하여야 한다.
10. 환매특약의 등기는 환매에 의한 권리취득의 등기를 한 경우 등기관이 직권으로 이를 말소한다. (○)

❓ Tip

1. 수용 ⇨ 단독신청(이전)
2. 수용 실효 ⇨ 공동신청(말소)

기출 ✏

1. 수용으로 인한 소유권이전등기는 토지수용위원회의 재결서를 등기원인증서로 첨부하여 사업시행자가 단독으로 신청할 수 있다. (○)
2. 수용으로 인한 소유권이전등기신청서에 등기원인은 토지수용으로, 그 연월일은 수용의 재결일로 기재해야 한다. (×)
3. 수용에 의한 소유권이전등기를 할 경우, 그 부동산의 처분제한등기와 그 부동산을 위해 존재하는 지역권등기는 직권으로 말소할 수 없다. (×)
4. 수용에 의한 소유권이전등기 완료 후 수용재결의 실효로 그 말소등기를 신청하는 경우, 피수용자 단독으로 기업자명의의 소유권이전등기 말소등기신청을 할 수 없다. (○)
5. 수용으로 인한 소유권이전등기가 된 후 토지수용위원회의 재결이 실효된 경우, 그 소유권이전등기의 말소등기는 원칙으로 공동신청에 의한다. (○)
6. 수용으로 인한 소유권이전등기를 하는 경우 등기권리자는 그 목적물에 설정되어 있는 근저당권설정등기의 말소등기를 단독으로 신청하여야 한다. (×)

(I) **토지수용으로 인한 소유권이전등기** 제27회, 제28회, 제29회, 제30회, 제31회, 제32회, 제34회

① 사업시행자 단독신청 / 사업시행자가 관공서인 때에는 촉탁등기 (인감증명 ×, 등기필정보 ×)
② 토지수용의 경우는 원시취득이지만 편의상 이전등기함에 주의
③ 미등기토지 수용의 경우라면 소유권보존등기
④ 등기원인 = '토지수용', 원인일자 = '수용의 시기'(재결일 ×)

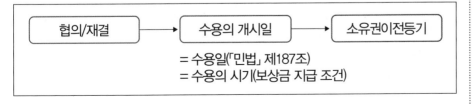

⑤ **토지수용으로 인한 직권말소**

㉠ **소유권이전등기**: 수용일 이후의 소유권이전등기는 직권말소(단, 수용일 전 상속을 원인으로 한 소유권이전등기는 제외)

㉡ **소유권 이외의 권리에 관한 등기**: 직권말소(단, 그 부동산을 위한 지역권 등기, 토지수용위원회의 재결로 인정한 권리는 제외)

(2) **진정명의회복을 원인으로 하는 소유권이전등기** 제29회, 제34회, 제35회

① **등기원인**: '진정명의회복', 등기원인일자 ×, 등기원인증명서면 ×(단, 판결에 의한 등기신청시에는 판결서를 원인증명정보로 제출)

② 농지취득자격증명 ×, 토지거래허가 ×(취득이나 거래가 아니므로)

③ 검인 ×(계약이 아니므로)

(3) **환매특약에 관한 등기** 제32회, 제33회, 제35회

① 별개의 신청서(환매등기신청서 + 소유권이전등기신청서)로 동시에 신청(동일 접수번호)

② 환매특약등기 등기권리자는 매도인, 등기의무자는 매수인
심화: 환매등기의 경우 환매권리자는 매도인에 국한 되는 것이므로 제3자를 환매권리자로 하는 환매등기는 이를 할 수 없다.

③ **필요적**: 매매대금, 매매비용 / **임의적**: 환매기간 등

④ **환매특약등기 신청시 첨부서면**: 소유권이전등기와 별개의 신청서, 원인증서 (환매특약증명정보가 별도로 있는 경우), 등기필정보 ×, 인감증명 ×

⑤ 환매특약등기는 부기등기로 실행

⑥ **환매권의 행사**: 말소등기가 아닌 이전등기로, 이때 환매특약의 등기는 직권말소
[환매권의 행사에 의하지 않고 환매특약등기를 말소 ➡ (공동)신청에 의한 말소]

(4) **신탁등기** 제25회, 제26회, 제27회, 제29회, 제31회, 제32회, 제33회

> **꼭 보세요!**
>
> 1. 신탁재산에 속하는 부동산의 신탁등기는 신탁자와 수탁자가 공동으로 신청하여야 한다. (×) – 수탁자 단독신청
> 2. 신탁재산의 처분으로 수탁자가 얻은 부동산이 신탁재산에 속하게 된 경우, 수탁자가 단독으로 신탁등기를 신청할 수 있다. (○)
> 3. 수탁자가 여러 명인 경우 등기관은 신탁재산이 공유인 뜻을 등기부에 기록하여야 한다. (×) – 공유가 아닌 합유의 뜻을 기록한다.
> 4. 수탁자의 신탁등기신청은 해당 부동산에 관한 권리의 설정등기, 보존등기, 이전등기 또는 변경등기의 신청과 동시에 해야 한다. (○)
> 5. 신탁등기의 신청은 해당 신탁으로 인한 권리의 이전 또는 보존이나 설정등기의 신청과 함께 1건의 신청정보로 일괄하여 하여야 한다. (○)
> 6. 수익자가 수탁자를 대위하여 신탁등기를 신청하는 경우에는 해당 부동산에 관한 권리의 설정등기의 신청과 동시에 하여야 한다. (×) – 대위는 동시신청의 예외에 해당한다.
> 7. 신탁재산의 일부가 처분되어 권리이전등기와 함께 신탁등기의 변경등기를 할 경우, 각기 다른 순위번호를 사용한다. (×) – 하나의 순위번호
> 8. 신탁재산이 수탁자의 고유재산이 되었을 때에는 그 뜻의 등기를 부기등기로 하여야 한다. (×) – 주등기
> 9. 등기관이 신탁등기를 할 때에는 신탁원부를 작성하여야 하는데, 이때의 신탁원부는 등기기록의 일부로 본다. (○)
> 10. 법원이 수탁자 해임의 재판, 신탁변경의 재판, 신탁관리인의 선임 또는 해임의 재판을 한 경우 지체 없이 <u>신탁원부 기록의 변경등기</u>를 등기소에 촉탁하여야 한다. (○)

① 신탁재산에 속하는 부동산의 신탁등기는 수탁자가 단독으로 신청한다. 신탁등기의 신청은 해당 신탁으로 인한 권리의 이전 또는 보존이나 설정등기의 신청과 함께 1건의 신청정보로 일괄하여 하여야 한다. 다만, 수익자나 위탁자가 수탁자를 대위하여 신탁등기를 신청하는 경우에는 그러하지 아니하다.

② **수탁자가 여러 명인 경우 등**: 수탁자가 여러 명인 경우에는 그 공동수탁자가 합유관계라는 뜻을 신청정보의 내용으로 제공하여야 한다.

③ 등기관이 신탁등기를 할 때에는 일정한 사항을 기록한 신탁원부를 작성하고 등기기록에는 그 신탁원부의 번호를 기록하여야 한다. 이러한 신탁원부는 등기기록의 일부로 본다.

㉠ 신탁등기를 신청하는 경우에는 일정한 사항을 신탁원부 작성을 위한 정보로서 제공하여야 한다.

㉡ 여러 개의 부동산에 관하여 1건의 신청정보로 일괄하여 신탁등기를 신청하는 경우에는 각 부동산별로 신탁원부 작성을 위한 정보를 제공하여야 한다.

㉢ 법원이 수탁자 해임의 재판, 신탁변경의 재판, 신탁관리인의 선임 또는 해임의 재판을 한 경우 지체 없이 <u>신탁원부 기록의 변경등기</u>를 등기소에 촉탁하여야 한다.

㉣ 등기관이 신탁재산에 속하는 부동산에 관한 권리에 대하여 수탁자의 변경으로 인한 이전등기를 할 경우에는 직권으로 그 부동산에 관한 <u>신탁원부 기록의 변경등기</u>를 하여야 한다.

법 제82조【신탁등기의 신청방법】 ① 신탁등기의 신청은 해당 부동산에 관한 권리의 설정등기, 보존등기, 이전등기 또는 변경등기의 신청과 동시에 하여야 한다.
② 수익자나 위탁자는 수탁자를 대위하여 신탁등기를 신청할 수 있다. 이 경우 제1항은 적용하지 아니한다.

법 제84조【수탁자가 여러 명인 경우】 ① 수탁자가 여러 명인 경우 등기관은 신탁재산이 합유인 뜻을 기록하여야 한다.

규칙 제139조【신탁등기】 ① 신탁등기의 신청은 해당 신탁으로 인한 권리의 이전 또는 보존이나 설정등기의 신청과 함께 1건의 신청정보로 일괄하여 하여야 한다.
⑦ 등기관이 제1항 및 제2항에 따라 권리의 이전 또는 보존이나 설정등기와 함께 신탁등기를 할 때에는 하나의 순위번호를 사용하여야 한다.

규칙 제143조【신탁재산이 수탁자의 고유재산으로 된 경우】 신탁재산이 수탁자의 고유재산이 되었을 때에는 그 뜻의 등기를 주등기로 하여야 한다.

규칙 제144조【신탁등기의 말소】 ① 신탁등기의 말소등기신청은 권리의 이전 또는 말소등기나 수탁자의 고유재산으로 된 뜻의 등기신청과 함께 1건의 신청정보로 일괄하여 하여야 한다.
② 등기관이 제1항에 따라 권리의 이전 또는 말소등기나 수탁자의 고유재산으로 된 뜻의 등기와 함께 신탁등기의 말소등기를 할 때에는 하나의 순위번호를 사용하고, 종전의 신탁등기를 말소하는 표시를 하여야 한다.

제3절   소유권 이외의 권리에 관한 등기절차 제27회, 제31회, 제35회

꼭 보세요!

1. 지상권설정의 목적과 범위는 지상권설정등기신청서의 필요적 기재사항이다. (○)
2. 분필등기를 거치지 않으면 1필의 토지 일부에 관한 지상권설정등기는 할 수 없다. (×) − 할 수 있다.
3. 토지의 공유자 중 1인을 등기의무자로 하여 그의 지분만을 목적으로 하는 구분지상권을 설정할 수 없다. (○)
4. 동일 토지에 관하여 지상권이 미치는 범위가 각각 다른 2개 이상의 구분지상권은 그 토지의 등기기록에 각기 따로 등기할 수 있다. (○)
5. 요역지의 소유권이 이전되더라도 지역권의 이전에는 별도의 이전등기를 필요로 한다. (×) − 별도의 이전등기를 요하지 않는다.
6. 승역지의 지상권자는 그 토지 위에 지역권을 설정할 수 있는 등기의무자가 될 수 없다. (×) − 소유자가 아닌 지상권자 등도 지역권등기의 당사자가 될 수 있다.
7. 승역지의 전세권자가 지역권을 설정해 주는 경우, 그 지역권설정등기는 전세권등기에 부기등기로 한다. (○)
8. 지역권설정등기는 승역지 소유자를 등기의무자, 요역지 소유자를 등기권리자로 하여 공동으로 신청함이 원칙이다. (○)
9. 등기관이 승역지의 등기기록에 지역권설정의 등기를 할 때에는 지역권설정의 목적을 기록하여야 한다. (○)
10. 등기관이 전세권설정등기를 할 때에는 전세금을 기록하여야 한다. (○)
11. 건물의 특정 부분이 아닌 공유지분에 대한 전세권설정등기도 가능하다. (×)
12. 공유부동산에 전세권을 설정할 경우, 그 등기기록에 기록된 공유자 전원이 등기의무자이다. (○)
13. 부동산의 일부에 대하여는 전세권설정등기를 신청할 수 없다. (×)
14. 전세권이 소멸되었으나 그 등기가 말소되지 않고 있는 건물에는 새로운 전세권설정등기를 할 수 없다. (○)
15. 전세권이 소멸하기 전에 전세금반환채권의 일부양도에 따른 전세권일부이전등기를 신청할 수 있다. (×) − 기간만료 전이라면 소멸을 증명해야 할 수 있다.
16. 전세권설정등기가 된 후, 전세금반환채권의 일부양도를 원인으로 한 전세권 일부이전등기를 할 때에 등기관은 양도액을 기록한다. (○)
17. 등기원인인 전세권설정계약에 존속기간의 약정이 있으면 등기관은 전세권설정등기를 실행할 때 존속기간을 기록하여야 한다. (○)

참고 | 통상의 지상권등기를 구분지상권등기로 변경하거나, 구분지상권등기를 통상의 지상권등기로 변경하는 등기신청이 있는 경우에는 등기상의 이해관계인이 없거나, 이해관계인이 있더라도 그의 승낙서 또는 이에 대항할 수 있는 재판의 등본을 제출한 때에 한하여 부기등기에 의하여 그 변경등기를 할 수 있다.

기출
1. 토지의 공유자 중 1인을 등기의무자로 하여 그의 지분만을 목적으로 하는 구분지상권을 설정할 수 없다. (○)
2. 계층적 구분건물의 특정계층의 구분소유를 목적으로 하는 구분지상권의 설정등기는 할 수 없다. (○)

기출 ✎ 동일 토지에 관하여 지상권이 미치는 범위가 각각 다른 2개 이상의 구분지상권은 그 토지의 등기기록에 각기 따로 등기할 수 있다. (○)

참고 | 지상권의 존속기간을 「민법」 제280조 제항 각 호의 기간보다 긴 기간으로 하는 약정은 유효하므로, 그 기간을 위 기간보다 장기로 하거나 불확정기간(예 철탑존속기간으로 한다)으로 정할 수도 있다.

기출 ✎
1. 요역지의 소유권이 이전되더라도 지역권의 이전에는 별도의 이전등기를 필요로 한다. (×)
2. 승역지의 지상권자는 그 토지 위에 지역권을 설정할 수 있는 등기의무자가 될 수 없다. (×)
3. 승역지의 전세권자가 지역권을 설정해 주는 경우, 그 지역권설정등기는 전세권등기에 부기등기로 한다. (○)

기출 ✎
1. 전세권은 저당권의 목적이 될 수 있다. (○)
2. 토지전세권의 존속기간 만료 후에도 토지전세권에 대한 저당권설정등기를 할 수 있다. (×)

기출 ✎
1. 전세권설정등기를 하는 경우, 등기관은 전세금을 기록해야 한다. (○) 제33회
2. 전세권의 사용·수익권능을 배제하고 채권담보만을 위해 전세권을 설정한 경우, 그 전세권설정등기는 무효이다. (○) 제33회
3. 집합건물에 있어서 특정 전유부분의 대지권에 대하여는 전세권설정등기를 할 수가 없다. (○) 제33회

(I) 지상권에 관한 등기

① 형식적 확정력(이중지상권 ×, 단 이중'구분'지상권은 가능)

② **필요적 기재사항**: 목적, 범위(토지 일부 지상권설정시 도면 필요. 단, 구분지상권은 도면 ×)

③ **임의적 기재사항**: 존속기간, 지료 등

(2) 지역권에 관한 등기 제27회, 제31회

① **필요적 기재사항**: 요역지·승역지의 표시, 목적, 범위

② 토지의 소유자 이외에 요역지의 지상권자, 임차권자, 전세권자도 그 권리의 존속기간의 범위 내에서 독립하여 지역권의 등기권리자가 될 수 있다.

> 보충 지상권자가 지역권의 당사자인 경우
>
> 지상권자는 그 권리의 범위 내에서 그 목적인 토지를 위하여 또는 그 토지 위에 지역권설정을 할 수 있는 것이다(예규 제205호).

③ 승역지 **관할 등기소에** 신청, 요역지 **등기는 직권**등기

> 핵심 지역권설정등기 신청
>
> 1. 지역권설정등기는 승역지소유자를 등기의무자, 요역지소유자를 등기권리자로 하여 공동으로 신청함이 원칙이다.
> 2. 지역권설정등기시 요역지지역권의 등기사항은 등기관이 직권으로 기록하여야 한다.

④ 승역지의 일부에 지역권등기 가능, 요역지는 전부에 관하여만 가능

⑤ 요역지의 소유권이 이전되면 지역권은 별도의 등기 없이 이전된다.

(3) 전세권에 관한 등기 제25회, 제26회, 제27회, 제31회, 제32회, 제33회, 제34회

① **필요적 기재사항**: 전세금, 전세권의 목적인 범위(목적 ×)

② 농지, 권리의 지분에 대한 전세권설정등기는 하지 못한다.

③ 대지권에 대한 전세권설정등기는 하지 못한다.

> 보충 전세권의 소멸과 전세권의 이전
>
> **등기선례 6-322** 전세권이 존속기간의 만료로 종료된 경우 전세권은 전세권설정등기의 말소등기 없이도 당연히 소멸하므로, 그 전세권을 목적으로 하는 근저당권은 설정할 수 없을 것이다.

등기선례 5 – 415 전세권자는 설정행위로 금지하지 않는 한 전세권을 타인에게 양도 또는 담보로 제공할 수 있고 그 존속기간 내에서 그 목적물을 타인에게 전전세 또는 임대할 수 있으며, 전세금 반환과 전세권설정등기의 말소 및 전세목적물의 인도와는 동시이행의 관계에 있으므로, 전세권이 존속기간의 만료로 인하여 소멸된 경우에도 해당 전세권설정등기는 전세금반환채권을 담보하는 범위 내에서는 유효한 것이라 할 것이다. 따라서 전세권의 존속기간이 만료되고 전세금 반환시기가 경과된 전세권의 경우에도 설정행위로 금지하지 않는 한 그러한 전세권의 이전등기는 가능할 것이다. 그러나 전전세는 전세권의 존속기간 내에서만 타인에게 할 수 있으며, 전세권의 존속기간이 만료된 건물 전세권에 대한 전전세등기는 이를 할 수 없다.

법 제73조【전세금반환채권의 일부양도에 따른 전세권일부이전등기】 ① 등기관이 전세금반환채권의 일부양도를 원인으로 한 전세권일부이전등기를 할 때에는 양도액을 기록한다.
② 제1항의 전세권일부이전등기의 신청은 전세권의 존속기간의 만료 전에는 할 수 없다. 다만, 존속기간 만료 전이라도 해당 전세권이 소멸하였음을 증명하여 신청하는 경우에는 그러하지 아니하다.

> ┌정리┐
> 1. 존속기간의 만료로 종료된 전세권을 목적으로 하는 근저당권설정등기 ×
> 2. 존속기간이 만료된 건물전세권에 대한 전전세권등기 ×
> 3. 존속기간의 만료로 소멸된 경우에도 전세권설정등기는 전세금반환채권을 담보하는 범위 내에서는 유효하므로 그 전세권의 이전등기 ○

(4) 저당권에 관한 등기 제26회, 제27회, 제28회, 제29회, 제30회, 제31회, 제32회, 제33회, 제34회, 제35회

▌ 꼭 보세요! ▐

1. 등기관은 부동산이 3개 이상일 때에는 공동담보목록을 작성하여야 하고, 공동담보목록은 등기기록의 일부로 본다. (×) – 3개 아닌 5개 이상
2. 채무자와 저당권설정자가 동일한 경우에도 등기기록에 채무자를 표시하여야 한다. (○)
3. 토지소유권의 공유지분에 대하여 저당권을 설정할 수 있다. (○)
4. 지상권을 목적으로 하는 저당권설정등기는 주등기에 의한다. (×) – 부기등기
5. 근저당권설정등기의 경우 그 저당권의 채권자 또는 채무자가 수인이면 각 채권자 또는 채무자별로 채권최고액을 구분하여 기록하여야 한다. (×) – 구분기록할 수 없다.
6. 근저당권설정등기를 함에 있어서 채무자가 수인인 경우 그 수인의 채무자가 연대채무자라 하더라도 등기기록에는 단순히 '채무자'로 기록한다. (○)

기출
1. 건물의 특정 부분이 아닌 공유지분에 대한 전세권설정등기도 가능하다. (×)
2. 공유부동산에 전세권을 설정할 경우, 그 등기기록에 기록된 공유자 전원이 등기의무자이다. (○)
3. 전세권이 소멸되었으나 그 등기가 말소되지 않고 있는 건물에는 새로운 전세권설정등기를 할 수 없다. (○)

기출
1. 전세권이 소멸하기 전에 전세금반환채권의 일부양도에 따른 전세권일부이전등기를 신청할 수 있다. (×)
2. 전세권의 존속기간이 만료된 경우, 전세금반환채권의 일부양도를 원인으로 한 전세권일부이전등기도 가능하다. (○)
3. 전세권설정등기가 된 후, 전세금반환채권의 일부양도를 원인으로 한 전세권 일부이전등기를 할 때에 등기관은 양도액을 기록한다. (○) 제32회

기출
1. 등기관은 부동산이 5개 이상일 때에는 공동담보목록을 작성하여야 하고, 공동담보목록은 등기기록의 일부로 본다. (○)
2. 저당의 목적이 되는 부동산이 5개 이상인 경우, 등기신청인은 공동담보목록을 작성하여 등기소에 제공하여야 한다. (×)
3. 2개의 목적물에 하나의 전세권설정계약으로 전세권설정등기를 하는 경우, 공동전세목록을 작성하지 않는다. (○) 제34회
⇨ 5개 이상인 경우 작성한다.

∷ 참고 |

1. 동일한 채권에 관하여 여러 개의 부동산에 관한 권리를 목적으로 하는 저당권설정의 등기를 할 때에는 공동담보라는 뜻의 기록은 각 부동산의 등기기록 중 해당 등기의 끝부분에 하여야 한다.
2. 공동담보 목적으로 새로 추가되는 부동산의 등기기록에는 그 등기의 끝부분에 공동담보라는 뜻을 기록하고 종전에 등기한 부동산의 등기기록에는 해당 등기에 부기등기로 그 뜻을 기록하여야 한다.

∷ 참고 | 「민법」상 조합은 등기능력이 없는 것이므로 이러한 조합 자체를 채무자로 표시하여 근저당권설정등기를 할 수는 없다.

기출

1. 변제기는 저당권설정등기의 필요적 기록사항이다. (×)
2. 채무자와 저당권설정자가 동일한 경우에도 등기기록에 채무자를 표시하여야 한다. (○)
3. 등기관은 공동담보 목적으로 새로 추가되는 부동산의 저당권설정등기 및 종전에 등기한 부동산의 저당권설정등기의 끝부분에 공동담보라는 뜻을 기록하여야 한다. (×) 제32회
4. 채무자의 성명, 주소 및 주민등록번호를 등기기록에 기록하여야 한다. (×) 제34회

---

7. 저당권이전등기신청의 경우에는 신청서에 저당권이 채권과 같이 이전한다는 뜻을 적어야 한다. (○)
8. 저당권으로 담보한 채권을 질권의 목적으로 한 경우, 그 저당권등기에 질권의 부기등기를 하여야 그 질권의 효력이 저당권에 미친다. (○)
9. 일정한 금액을 목적으로 하지 않는 채권을 담보하기 위한 저당권설정등기를 신청하는 경우에는 그 채권의 평가액을 신청정보의 내용으로 등기소에 제공하여야 한다. (○)
10. 근저당권이 이전된 후 근저당권의 양수인은 소유자인 근저당권설정자와 공동으로 그 근저당권말소등기를 신청할 수 있다. (○)
11. 근저당권설정등기 후 소유권이 제3자에 이전된 경우, 제3취득자가 근저당권설정자와 공동으로 그 근저당권말소등기를 신청할 수 있다. (×) − 제3취득자가 '근저당권자'와 공동으로 신청한다.
12. 채권 일부의 양도나 대위변제로 인한 저당권의 이전등기를 신청하는 경우에는 양도나 대위변제의 목적인 채권액을 신청정보의 내용으로 등기소에 제공하여야 한다. (○)

① 소유권, 지상권, 전세권도 저당권의 객체가 된다.

② 권리의 일부(지분)에 대한 저당권 ○, 부동산의 일부에 대한 저당권 ×

　　⤷ 증축건물 또는 부속건물이 기존건물과 동일성·일체성이 인정된다면 기존건물에 대한 저당권의 효력은 변경등기 없이도 증축된 건물 또는 부속건물에도 당연히 미친다.

③ **필요적 기록사항**: 채권액, 채무자, 지상권·전세권 목적인 경우 '그 권리 표시'

> 심화 피담보채권이 금액을 목적으로 하지 않는 경우(법 제77조)
> 등기관이 일정한 금액을 목적으로 하지 아니하는 채권을 담보하기 위한 저당권설정의 등기를 할 때에는 그 채권의 평가액을 기록하여야 한다.

④ **임의적 기록사항**: 변제기, 이자 및 발생기·지급시기·원본 또는 이자 지급장소의 약정, 채무불이행으로 인한 손해배상약정

⑤ (소유권 목적) 저당권설정등기는 주등기, 지상권·전세권목적 저당권설정등기는 부기등기

⑥ **저당권의 이전등기**: 부기등기, 채권이 함께 이전한다는 취지를 기재

⑦ **저당권의 변경등기**: 부기등기 원칙, 이해관계인 승낙 없으면 주등기

> 심화 저당권 이전과 변경
> 1. 등기관이 채권의 일부에 대한 양도 또는 대위변제(代位辨濟)로 인한 저당권일부이전등기를 할 때에는 제48조에서 규정한 사항 외에 양도액 또는 변제액을 기록하여야 한다(법 제79조).

2. 채무자변경으로 인한 근저당권변경등기신청은 근저당권자가 등기권리자, 근저당권설정자가 등기의무자로서 공동신청하여야 하고, 이 경우 등기의무자의 권리에 관한 등기필증으로는 등기의무자가 소유권 취득 당시 등기소로부터 교부받은 등기필증을 첨부하면 족하다(등기선례 제2-61호).

⑧ **근저당권의 이전등기와 변경등기의 등기원인**

보충 저당권이전등기와 변경등기의 등기원인

1. 근저당권자(채권자)의 변경 ⇨ 근저당권이전등기[근저당권자(등기의무자)와 근저당권의 양수인(등기권리자)]
   ① 피담보채권이 확정되기 전의 근저당권이전등기 : 기본계약상의 채권자의 지위가 제3자에게 양도된 경우 그 등기원인을 '계약양도'로 하여 근저당권이전등기를 신청할 수 있다.
   ② 피담보채권이 확정된 후 근저당권이전등기 : 확정된 채권이 양도된 경우에는 그 등기원인을 '확정채권양도'로 하여 근저당권이전등기를 신청할 수 있다.

2. 근저당권의 채무자의 변경 ⇨ 근저당권변경등기[근저당권설정자(등기의무자)와 근저당권자(등기권리자)]
   ① 피담보채권이 확정되기 전의 근저당권변경등기 : 기본계약상의 채무자 지위를 제3자가 인수한 경우로 '계약인수'를 등기원인으로 하여 근저당권변경등기를 신청할 수 있다.
   ② 피담보채권이 확정된 후의 근저당권변경등기 : '확정채무의 면책적 인수' 또는 '확정채무의 중첩적 인수'를 등기원인으로 근저당권변경등기를 신청할 수 있다.

⑨ **저당권말소등기**

㉠ 원칙적으로 저당권설정자 − 등기권리자, 현저당권명의인 − 등기의무자가 되어 공동신청

∷참고 저당권말소등기의 등기권리자

1. 근저당권이 설정된 후에 그 부동산의 소유권이 제3자에게 이전된 경우에는 현재의 소유자뿐만 아니라, 근저당권설정자인 종전의 소유자도 근저당권설정계약의 당사자로서 근저당권자에게 피담보채무의 소멸을 이유로 하여 그 근저당권설정등기의 말소를 청구할 수 있다고 봄이 상당하다(대판 93다16338 참조).

기출 근저당권의 피담보채권이 확정되기 전에 그 피담보채권이 양도된 경우, 이를 원인으로 하여 근저당권이전등기를 신청할 수 없다. (○)

♀Tip 피담보채권 확정 전 채권양도를 원인으로는 할 수 없고, 계약양도를 원인으로 하여 근저당권이전등기를 신청할 수 있다.

기출
1. 근저당권설정등기 후 소유권이 제3자에 이전된 경우, 제3취득자가 근저당권설정자와 공동으로 그 근저당권말소등기를 신청할 수 있다. (×)
2. 근저당권이 이전된 후 근저당권의 양수인은 소유자인 근저당권설정자와 공동으로 그 근저당권말소등기를 신청할 수 있다. (○)
3. 부동산에 관한 근저당권설정등기의 말소등기를 함에 있어 근저당권 설정 후 소유권이 제3자에게 이전된 경우, 근저당권설정자 또는 제3취득자는 근저당권자와 공동으로 그 말소등기를 신청할 수 있다. (○) 제33회

∷참고
1. 공동저당 대위등기는 선순위 저당권자가 등기의무자로 되고 대위자(차순위저당권자)가 등기권리자로 되어 공동으로 신청하여야 한다(예규 제1407호).
2. 채무자가 변제하지 않아 선순위 저당권자가 우선 부동산을 경매하여 변제받은 경우, 해당 부동산의 후순위 저당권자가 대위등기를 할 때 '매각부동산'과 '선순위 저당권자가 변제받은 금액', '매각금액'을 신청정보의 내용으로 제공하여야 한다.

2. 그러나, 소유권을 양도함에 있어 소유권에 의하여 발생되는 물상청구권을 소유권과 분리하여 제3자에게 대하여 이를 행사케 한다는 것은 허용될 수 없는 것이라 할 것으로서 일단 소유권을 상실한 전소유자는 제3자인 불법점유자에 대하여 물권적 청구권에 의한 방해배제를 청구할 수 없다고 하여(대판 68다725) 저당권설정등기가 경료되고 제3자에게 소유권이전등기가 된 후 원인무효로 인한 저당권말소의 경우라면 종전소유자는 저당권말소등기권리자가 될 수 없다고 해석된다.

ⓒ 일반원칙에 따라 판결이나 혼동의 경우 등에는 단독신청도 허용된다.

ⓒ 저당권이 이전된 경우 주등기인 저당권설정등기에 대한 말소등기가 경료되면 저당권이전의 부기등기는 등기관이 직권으로 말소한다.

⑩ **근저당**

ⓐ 필요적 기록 : 채권최고액과 채무자

ⓑ 임의적 기록 : 존속기간(변제기 ×, 이자약정 ×)

ⓒ 채권최고액은 반드시 단일하게 기재(채권자, 채무자별로 구분기재×), 연대채무자인 경우에는 단순히 '채무자'라고 기재('연대채무자'로 기재 ×)

(5) **권리질권에 관한 등기**

① 부동산 물권이 아닌 물권으로 등기 가능, 저당권(전세권 ×)에 부기등기로 가능

② 등기의무자 – 저당권자, 등기권리자 – 권리질권자

③ 필요적 기록사항 - 채권액 또는 채권최고액과 채무자

(6) **임차권에 관한 등기** 제27회

> **꼭 보세요!**
>
> 1. 임차권설정등기를 신청할 때에는 차임을 신청정보의 내용으로 제공하여야 한다. (○)
> 2. 임차권설정등기를 할 때에 등기원인에 임차보증금이 있는 경우, 그 임차보증금은 등기사항이다. (○)
> 3. 주택임차권등기명령에 따라 임차권등기가 된 경우, 그 등기에 기초한 임차권이전등기를 할 수 있다. (×) – 할 수 없다.

기출
1. 피담보채권의 변제기는 근저당권등기의 등기사항이 아니다. (○)
2. 근저당권의 약정된 존속기간은 등기사항이 아니다. (×)
3. 근저당권설정등기의 경우 그 저당권의 채권자 또는 채무자가 수인이면 각 채권자 또는 채무자별로 채권최고액을 구분하여 기록하여야 한다. (×) 제34회

기출 저당권으로 담보한 채권을 질권의 목적으로 한 경우, 그 저당권등기에 질권의 부기등기를 하지 않아도 그 질권의 효력이 저당권에 미친다. (×)

참고 | 근저당권설정등기의 채권최고액
채권최고액을 외국통화로 표시하여 신청정보로 제공한 경우에는 외화표시금액을 채권최고액으로 기록한다(예 미화 금 ○○달러)[등기예규 제1656호].

① 임차권은 채권이므로 등기 없이도 효력 발생하나, 등기하면 대항력 발생

② **신청서 기재사항**

　㉠ 필요적 기재사항 : 차임과 범위

　㉡ 임의적 기재사항(등기원인에 그 사항이 있는 경우에만 기록) : 차임 지급시기, 존속기간, 처분능력 또는 권한이 없는 자의 단기임대차라는 뜻, 임차보증금, 임차권의 양도 또는 임차물의 전대에 대한 임대인의 동의

③ 「주택임대차보호법」상 주택임대차는 등기 없이도(주민등록 ＋인도 ⇨ 익일 대항력) 효력 발생

④ **임차권등기명령제도**

　㉠ 의의 : 주택 또는 상가건물의 임대차 종료 후 보증금을 반환받지 못한 임차인은 일정한 요건을 갖추어 임차주택의 소재지를 관할하는 법원에 임차권등기명령을 신청할 수 있고 이때 법원이 등기소에 임차권등기명령을 촉탁하여 행하여지는 등기

　㉡ 효력 : 임차권등기명령에 따른 등기가 경료되면 임차인은 대항력 및 우선변제권을 취득하며 이미 이러한 대항력이나 우선변제권을 취득한 경우라면 그대로 이 등기로써 그 효력이 계속 유지되어 이후 대항요건을 상실(점유상실 등)하더라도 이미 취득한 대항력 및 우선변제권이 유지된다.

　㉢ 효력발생시기 : 법원사무관은 임차권등기명령의 결정이 임대인에게 송달된 때에는 지체 없이 촉탁서에 결정등본을 첨부하여 등기관에게 임차권등기의 기입을 촉탁하여야 한다. 다만, 주택임차권등기명령의 경우 임대인에게 임차권등기명령의 결정을 송달하기 전에도 임차권등기의 기입을 촉탁할 수 있다. 이 경우 임차권등기명령의 효력은 그 등기가 된 때에 생긴다. 이에 따라 임차권등기명령은 임대인에게 그 결정이 송달된 때 또는 등기가 된 때에 효력이 생긴다.

> **∷참고┃ 임차권이전·전대의 제한(예규 제1382호)**
> 임대차의 존속기간이 만료된 경우와 주택임차권등기 및 상가건물임차권등기가 경료된 경우에는, 그 등기에 기초한 임차권이전등기나 임차물전대등기를 할 수 없다.

∷**참고┃**
1. 이미 전세권설정등기가 경료된 주택에 대하여 동일인을 권리자로 하는 법원의 주택임차권등기명령에 따른 촉탁등기는 이를 수리할 수 있을 것이다[등기선례 제201510-1호].
2. 이미 전세권설정등기가 마쳐진 주택에 대하여 전세권자와 동일인이 아닌 자를 등기명의인으로 하는 주택임차권등기명령에 따른 등기의 촉탁이 있는 경우 등기관이 당해 등기촉탁을 수리할 수 있는지 여부와 관련하여, 주택임차인이 대항력을 취득한 날이 전세권설정등기의 접수일자보다 선일이라면, 기존 전세권의 등기명의인과 임차권의 등기명의인으로 되려는 자가 동일한지 여부와는 상관없이 주택임차권등기명령에 따른 등기의 촉탁이 있는 경우 등기관은 그 촉탁에 따른 등기를 수리할 수 있을 것이다[등기선례 제202210-2호].

┃**기출**┃
1. 주택임차권등기명령에 따라 임차권등기가 된 경우, 그 등기에 기초한 임차권이전등기를 할 수 있다. (×)
2. 임차권의 이전 및 임차물전대의 등기는 임차권등기에 부기등기의 형식으로 한다. (○)

∷**참고┃** 차임을 정하지 아니하고 보증금의 지급만을 내용으로 하는 임대차(소위 채권적 전세)계약을 체결한 경우에도 그 임차권설정등기를 신청할 수 있을 것이나, 다만 그 등기신청서에는 차임을 기재하는 대신 임차보증금을 기재하여야 할 것이다.

변경등기 제29회, 제31회, 제33회

> **꼭 보세요!**
>
> 1. 저당권의 피담보채권액을 증액하는 것과 같은 권리변경등기는 당사자 공동신청에 의하며 이해관계인이 없는 경우 부기등기로 실행한다. (○)
> 2. 토지의 지목이 변경된 경우 그 토지소유권의 등기명의인은 그 변경등기를 1개월 이내에 신청하여야 한다. (○)
> 3. 합필등기를 신청하려는 토지에 지상권이나 전세권등기가 실행되어 있는 경우에는 다른 제한이 없는 한 합필등기를 할 수 있다. (○)
> 4. 합필등기를 신청하려는 토지 중 한 필지에 저당권설정등기가 실행되어 있는 경우에는 합필등기를 할 수 없다. (○)
> 5. 합필등기를 신청하려는 모든 토지에 대하여 등기원인 및 그 연월일과 접수번호가 동일한 저당권에 관한 등기가 있는 경우에는 합필등기를 할 수 없다. (×) − 있다.
> 6. 소유권이전등기신청시 등기의무자의 주소증명정보에 의하여 주소변경사실이 명백한 경우 등기관은 이 등기를 각하하여야 한다. (×) − 직권변경 후 소유권이전등기를 한다.

표제부	부동산(표시)의 변경	주등기	단독신청 (1개월 의무)
갑구 또는 을구	등기명의인표시변경	부기등기	단독신청
	권리변경	부기등기(단, 승낙 × ⇨ 주등기)	공동신청

(1) 부동산의 변경등기

① 부동산의 물리적 변경

② 대장등록을 먼저 한 후 대장을 첨부하여 변경등기 신청

③ 부동산 변경에 해당되는 경우 1개월 이내 의무

> **법 제35조【변경등기의 신청】** 토지의 분할, 합병이 있는 경우와, 제34조의 등기사항(토지등기기록의 표제부 기록사항 − 지목, 면적 등)에 변경이 있는 경우에는 그 토지소유권의 등기명의인은 그 사실이 있는 때부터 1개월 이내에 그 등기를 신청하여야 한다.

기출

1. 건물의 구조가 변경된 경우에는 변경등기를 신청하기 전에 먼저 건축물대장의 기재사항을 변경하여야 한다. (○)
2. 토지의 지목이 변경된 경우 그 토지소유권의 등기명의인은 그 변경등기를 지체 없이 신청하여야 한다. (×)

법 제41조 【변경등기의 신청】 ① 건물의 분할, 구분, 합병이 있는 경우와 제40조의 등기사항(건물등기기록의 표제부 기록사항 − 구조, 종류, 면적 등)에 변경이 있는 경우에는 그 건물소유권의 등기명의인은 그 사실이 있는 때부터 1개월 이내에 그 등기를 신청하여야 한다.

④ 단독신청(소유권의 등기명의인)

⑤ **합병, 합필의 제한**

    ㉠ 소유자가 다르거나 지목이 다르거나 지번부여지역이 다른 경우, 합필하려는 토지가 등기된 토지와 등기되지 아니한 토지인 경우, 지반이 연접하지 않은 경우에는 합필할 수 없다.

    ㉡ 소유권 · 지상권 · 전세권 · 임차권 · 승역지 지역권등기 이외 등기가 있는 경우 합병이 제한된다. 즉, 가등기나 가처분, 저당권등기가 있는 경우에는 합병할 수 없다.

    ㉢ 그러나 합필하려는 모든 토지에 등기원인 및 그 연월일과 접수번호가 동일한 저당권에 관한 등기가 있거나 신탁내용이 동일한 신탁등기가 있는 경우 합필이 가능하다.

(2) **부동산표시의 변경등기**

    행정구역 또는 그 명칭의 변경시 변경된 것으로 간주, 직권 또는 신청으로 변경등기

(3) **등기명의인 표시의 변경등기**

    ① 개명, 주소이전, 주민등록번호 변경

    ② 신청의무 ×, 부기등기 ○, 등기필정보 제공 ×

    ③ 원칙적으로 단독신청에 의하여야 하나, 소유권이전등기시 등기의무자의 주소변경의 사실이 주소증명서면에 의해 명백할 때 직권변경등기

(4) **권리의 변경등기 − 권리내용의 변경**

    ① 이해관계인 없으면 부기등기(변경 전 사항을 말소하는 표시)

    ② 이해관계인 있으면
      ┌ **승낙** ○ : 부기등기(변경 전 사항을 말소하는 표시)
      └ **승낙** × : 주등기(변경 전 사항을 말소 표시하지 않음)

[기출] 부동산표시의 변경이나 경정의 등기는 소유권의 등기명의인이 단독으로 신청한다. (○) 제33회

∷ 참고 │ 법 제37조 【합필 제한】
① 합필(合筆)하려는 토지에 다음 각 호의 등기 외의 권리에 관한 등기가 있는 경우에는 합필의 등기를 할 수 없다.
1. 소유권 · 지상권 · 전세권 · 임차권 및 승역지(承役地 : 편익제공지)에 하는 지역권의 등기
2. 합필하려는 모든 토지에 있는 등기원인 및 그 연월일과 접수번호가 동일한 저당권에 관한 등기
3. 합필하려는 모든 토지에 있는 제81조 제1항 각 호의 등기사항이 동일한 신탁등기
② 등기관이 제1항을 위반한 등기의 신청을 각하하면 지체 없이 그 사유를 지적소관청에 알려야 한다.

Tip 추가적 공동저당, 창설적 공동담보가등기가 있는 경우에는 합필등기할 수 없다.

[기출]
1. 부동산의 표시에 관한 경정등기에서는 등기상 이해관계 있는 제3자의 승낙의 유무가 문제될 여지가 없다. (○)
2. 전세권의 존속기간을 연장하는 변경등기를 신청하는 경우, 후순위 저당권자는 등기법상 이해관계인에 해당하지 않는다. (×)
3. 선순위근저당권의 채권최고액을 감액하는 변경등기는 그 저당목적물에 관한 후순위권리자의 승낙서가 첨부되지 않더라도 할 수 있다. (○) 제34회

보충 직권변경등기 정리

1. **소유권이전등기시 주소변경(규칙 제122조)**
   등기관이 소유권이전등기를 할 때에 등기명의인의 주소변경으로 신청정보 상의 등기의무자의 표시가 등기기록과 일치하지 아니하는 경우라도 첨부정보로서 제공된 주소를 증명하는 정보에 등기의무자의 등기기록상의 주소가 신청정보상의 주소로 변경된 사실이 명백히 나타나면 직권으로 등기명의인표시의 변경등기를 하여야 한다.

2. **대장소관청의 불부합통지시(법 제36조)**
   등기관이 지적(地籍)소관청으로부터 「공간정보의 구축 및 관리 등에 관한 법률」 제88조 제3항의 통지를 받은 경우에 제35조의 기간(1개월) 이내에 등기명의인으로부터 등기신청이 없을 때에는 그 통지서의 기재내용에 따른 변경의 등기를 직권으로 하여야 한다.

3. **행정구역 변경시(규칙 제54조, 제31조)**
   행정구역 또는 그 명칭이 변경된 경우에 등기관은 직권으로 부동산의 표시변경등기 또는 등기명의인의 주소변경등기를 할 수 있다.

   ⌐ 행정구역 또는 그 명칭이 변경되었을 때에는 등기기록에 기록된 행정구역 또는 그 명칭에 대하여 변경등기가 있는 것으로 본다(법 제31조).

기출 ✎ 행정구역 명칭의 변경이 있을 때에는 등기명의인의 신청에 의하여 변경된 사항을 등기하여야 한다. (×)

참고 | 합필등기에 관한 특례(예규 제1371호 참조)

1. **의의**
   「공간정보의 구축 및 관리 등에 관한 법률」에 따른 토지합병절차를 마친 후 합필등기를 하기 전에 합병토지 중 어느 토지에 관하여 ① 소유권이전 등기가 된 경우 또는 ② 합필제한 사유에 해당하는 등기가 된 경우라 하더라도 이해관계인의 승낙이 있으면 해당 토지소유권의 등기명의인(들)은 합필 후의 토지를 ㉠ 공유로 하거나 ㉡ 권리의 목적물을 합필 후의 토지에 관한 지분으로 하는 합필등기를 신청할 수 있다(법 제38조 제1항·제2항). 다만, 요역지에 하는 지역권의 등기가 있는 경우에는 합필 후의 토지 전체를 위한 지역권으로 하는 합필등기를 신청하여야 한다.

2. **첨부서면**
   ① 토지(임야)대장 등본
   ② 소유자의 확인서 및 인감증명
   ③ 이해관계인의 승낙서 및 인감증명

제2절 경정등기 제25회, 제26회, 제31회

> **꼭 보세요!**
>
> 1. 마쳐진 등기에 착오나 빠진 부분을 발견한 등기관은 지체 없이 등기권리자와 등기의무자에게 알려야 한다. 이 경우 등기권리자나 등기의무자가 각 2인 이상인 경우에는 그 전원에게 통지하여야 한다. (×) - 1인에게 알리면 된다.
> 2. 권리자는 甲임에도 불구하고 당사자 신청의 착오로 乙명의로 등기된 경우, 그 불일치는 경정등기로 시정할 수 없다. (○)
> 3. 전세권설정등기를 하기로 합의하였으나 당사자신청의 착오로 임차권으로 등기된 경우, 그 불일치는 경정등기로 시정할 수 없다. (○)
> 4. 법인 아닌 사단을 법인으로 경정하는 등기를 신청하는 등 동일성을 해하는 등기명의인 표시경정등기신청은 수리할 수 없다. (○)

(1) 경정등기의 요건

① 등기에 대하여 착오나 빠진 부분(당사자 과오·등기관 과오 불문하고 경정등기할 수 있다)

② 등기사항 '일부'에 관한 착오 또는 유루

③ 등기와 실체관계의 '원시적' 불일치

④ 등기를 마친 후에 발견되었을 것 - 완료 전은 '자구 정정'

⑤ 등기 전후에 동일성 있을 것

(2) 경정등기의 절차

착오나 빠진 부분을 발견한 등기관은 지체 없이 등기권리자와 등기의무자(등기권리자나 등기의무자가 없는 경우에는 등기명의인, 2명 이상인 경우에는 그중 1인)에게 알려야 한다(당사자가 경정등기를 신청하게 하기 위함).

(3) 직권경정등기

① 착오나 빠진 부분이 등기관의 잘못임을 발견한 경우 지체 없이 직권으로 경정

② 다만, 등기상 이해관계 있는 제3자가 있는 경우에는 제3자의 승낙이 있어야 한다.

③ 직권경정 후 지방법원장에 보고

④ 직권경정 후 등기권리자와 등기의무자(대위채권자 포함)에게 통지

기출 // 등기의무자가 2인 이상일 경우, 직권으로 경정등기를 마친 등기관은 그 전원에게 그 사실을 통지하여야 한다. (×)

기출 ✎

1. 법인 아닌 사단이 법인화된 경우에는 등기명의인을 법인으로 경정하는 등기를 신청할 수 있다. (×)
2. 전세권설정등기를 하기로 합의하였으나 당사자신청의 착오로 임차권으로 등기된 경우, 그 불일치는 경정등기로 시정할 수 있다. (×)
3. 권리자는 甲임에도 불구하고 당사자신청의 착오로 乙명의로 등기된 경우, 그 불일치는 경정등기로 시정할 수 없다. (○)
4. 법정상속분에 따라 상속등기를 마친 후에 공동상속인 중 1인에게 재산을 취득케 하는 상속재산분할협의를 한 경우에는 소유권경정등기를 할 수 있다. (○)
5. 건물에 관한 보존등기상의 표시와 실제 건물과의 사이에 건물의 건축시기, 건물 각 부분의 구조, 평수, 소재, 지번 등에 관하여 다소의 차이가 있다 할지라도 사회통념상 동일성 혹은 유사성이 인식될 수 있으면 그 등기는 해당 건물에 관한 등기로서 유효하다. (○)

기출 ✎

1. 등기된 건물이 화재로 없어진 경우, 말소등기를 한다. (×)
2. 등기의 일부를 말소하는 표시를 하는 것은 말소등기가 아니다. (○)
3. 등기를 신청한 권리가 실체법상 허용되지 않는 것임에도 불구하고 등기관의 착오로 등기가 완료된 때에는 등기관은 직권으로 등기를 말소한다. (○)
4. 말소등기신청의 경우에 '등기상 이해관계 있는 제3자'란 등기의 말소로 인하여 손해를 입을 우려가 있다는 것이 등기기록에 의하여 형식적으로 인정되는 자를 말한다. (○)
5. 말소등기신청시 등기의 말소에 대하여 등기상 이해관계 있는 제3자의 승낙이 있는 경우, 그 제3자 명의의 등기는 등기권리자의 단독신청으로 말소된다. (×)

::참고| 등기완료 후 등기관의 과오로 인한 착오를 발견한 경우, 등기권리자 또는 등기의무자는 등기필증 등 그 사실을 증명하는 서면을 첨부하여 착오발견으로 인한 경정등기를 신청할 수 있으며, 이 경우 등기관이 경정등기를 한 취지를 지방법원장에게 보고할 필요는 없다.

심화 동일성에 관한 예규(제1421호)

1. 부동산표시의 경정등기에 있어서 신청서에 기재된 경정등기의 목적이 현재의 등기와 동일성 혹은 유사성을 인정할 수 없는 정도라 하더라도, 같은 부동산에 관하여 따로 소유권보존등기가 존재하지 아니하거나 등기의 형식상 예측할 수 없는 손해를 입을 우려가 있는 이해관계인이 없는 경우, 등기관은 그 경정등기신청을 수리할 수 있다.
2. 등기관의 과오로 인해 등기의 착오가 발생한 경우에는 경정 전·후의 등기의 동일성 여부를 별도로 심사하지 않고 직권 또는 신청 경정등기 절차에 따라 처리한다.

제3절 말소등기 제26회, 제28회, 제29회

꼭 보세요!

1. 등기를 신청한 권리가 실체법상 허용되지 않는 것임에도 불구하고 등기관의 착오로 등기가 완료된 때에는 등기관은 직권으로 등기를 말소한다. (○)
2. 농지를 목적으로 하는 전세권설정등기가 실행된 경우 당사자의 신청이 있어야 말소할 수 있다. (×) – 직권말소대상이 된다.
3. 말소되는 등기의 종류에는 제한이 없으며, 말소등기의 말소등기도 허용된다. (×) – 부적법말소는 회복대상이므로 말소의 말소는 허용되지 않는다.
4. 말소등기신청의 경우에 '등기상 이해관계 있는 제3자'란 등기의 말소로 인하여 손해를 입을 우려가 있다는 것이 등기기록에 의하여 형식적으로 인정되는 자를 말한다. (○)
5. 말소등기신청시 등기의 말소에 대하여 등기상 이해관계 있는 제3자의 승낙이 있는 경우, 그 제3자 명의의 등기는 등기관이 직권으로 말소한다. (○)
6. 소유권보존등기를 말소하는 경우 가압류권자는 등기상 이해관계 있는 제3자라 할 수 없다. (×) – 할 수 있다.
7. 순위 1번 저당권등기를 말소하는 경우 순위 2번 저당권자는 등기상 이해관계 있는 제3자라 할 수 없다. (○)

(1) 기존등기의 부적법(원시적, 후발적, 실체적, 절차적 불문), 말소등기의 말소등기 ×

(2) 등기의 전부가 부적법(일부라면 변경 또는 경정등기)

(3) 등기상 이해관계인이 있는 경우에는 승낙서 첨부, 승낙서 없으면 각하

(4) 말소등기는 항상 '주등기'에 의하며 기존 등기사항을 말소하는 표시를 함

| 제**4**절 | **말소회복등기** |

┃ 꼭 보세요! ┃

1. 말소회복등기와 양립할 수 없는 등기의 등기명의인은 「부동산등기법」상에서의 등기상 이해관계 있는 제3자라고 볼 수 없다. (○)
2. 선순위 저당권등기의 회복시 선순위 저당권말소 전에 등기한 후순위 저당권자는 이해관계 있는 제3자라 할 수 없다. (×) − 있다.

(1) 등기가 부적법 말소된 경우 회복하려는 것(따라서 자발적으로 말소된 경우는 회복등기 ×)

(2) 말소된 등기에 대한 회복신청을 받아 등기관이 등기를 회복할 때에는 (주등기로) 회복의 등기를 한 후 다시 말소된 등기와 같은 등기를 하여야 한다. 다만, 등기 전체가 아닌 일부 등기사항만 말소된 것일 때에는 부기에 의하여 말소된 등기사항만 다시 등기한다.

♀ Tip
• 전부회복 − 주등기
• 일부회복 − 부기등기

(3) 제3자에게 불측의 손해를 주지 않을 것 ⇨ 승낙서 첨부, 승낙서 없는 경우 각하

┌───
│ 심화 회복등기신청의 상대방
│
│ 1. 불법하게 말소된 것을 이유로 한 근저당권설정등기회복등기 청구는 그 등기말소 당시의 소유자를 상대로 하여야 한다(대판 68다1617).
│ 2. 가등기가 이루어진 부동산에 관하여 제3취득자 앞으로 소유권이전등기가 마쳐진 후 그 가등기가 말소된 경우 그 가등기의 회복등기절차에서 회복등기의무자는 가등기가 말소될 당시의 소유자인 제3취득자(대판 2006다43903)
└───

보충 등기상 이해관계인

1. 이해관계인의 의의
   ① 일정한 등기시 등기의 기재 '형식'상 손해를 볼 '우려'가 있는 제3자를 의미한다. 반드시 실체법적인 손해를 입을 필요는 없으며 등기형식상으로만 판단한다.
   ② 말소되는 등기 또는 말소회복되는 등기와 양립할 수 없는 권리의 등기명의인은 이해관계인이 아니다.
   ③ 말소등기나 말소회복등기시 이해관계인의 승낙서를 첨부하지 아니하면 등기는 각하되어야 하나, 이를 간과하고 등기가 이루어졌을 때의 효력: 실체법상 승낙의무가 없는 경우라면 해당 말소등기(말소회복등기)는 그 제3자에 대한 관계에서 무효이나, 그에게 실체법상 승낙의무가 있는 경우라면 그 말소등기(말소회복등기)는 유효하다(대판 94다58988).

   > **∷ 참고|** 등기상 이해관계인의 승낙서를 요하는 경우
   > 1. 말소등기: 승낙서 있어야 가능(승낙서 없으면 각하)
   > 2. 말소회복등기: 승낙서 있어야 가능(승낙서 없으면 각하)
   > 3. 권리의 변경(경정)등기: 승낙서가 있어야 부기등기 가능, 없으면 주등기
   > 4. 규약상 공용부분 등기시 소유권 이외의 권리의 말소를 위하여 해당 권리자들의 승낙서 필요

2. 말소등기시 이해관계인

이해관계인에 해당하는 경우	이해관계인에 해당하지 않는 경우
① 지상권(또는 전세권) 말소시 지상권(또는 전세권)을 목적으로 하는 저당권자 ② 소유권이전등기의 말소시 매수인으로부터 권리를 설정받은 저당권자, 지상권자 등 ③ 소유권보존등기의 말소시 그 보존등기에 터잡은 저당권자, 지상권자 등	① 저당권 말소시 그 선, 후 저당권자 ② 甲, 乙, 丙으로 순차 소유권이전등기 경료시 甲에서 乙로의 소유권이전등기말소신청시 丙

3. 말소회복등기시 이해관계인

이해관계인에 해당하는 경우	이해관계인에 해당하지 않는 경우
① 선순위 저당권등기의 회복시 선순위 저당권말소 후에 등기한 후순위저당권자 ② 선순위 저당권등기의 회복시 선순위 저당권말소 전에 등기한 후순위저당권자 ③ 선순위 지상권등기 회복에 있어 후순위 저당권자 ④ 선순위 저당권등기 회복에 있어 후순위 지상권자	① 2순위(후순위) 지상권등기를 회복함에 있어 1순위(선순위) 저당권자 ② 2번 소유권이전등기의 회복시 3번 소유권이전등기의 명의인 ③ 지상권(또는 전세권)등기를 회복함에 있어서 그를 목적으로 하였던 저당권자

| 제**5**절 | **멸실등기** 제27회, 제28회, 제31회 |

┃ 꼭 보세요! ┃

1. 존재하는 건물이 전부 멸실된 경우 소유권의 등기명의인이 지체 없이 멸실등기를 신청하여야 하나 위반시 과태료는 없다. (×) – 지체없이가 아닌 1월 이내
2. 등기된 건물이 멸실된 경우에는 건물소유권의 등기명의인만이 멸실등기를 신청할 수 있는 것은 아니다. (○)

(1) 부동산이 '전부' 멸실한 경우 그 소유권의 등기명의인은 그 사실이 있는 때부터 1개월 이내에 멸실등기를 신청하여야 한다. 다만, 존재하지 아니하는 건물에 대한 등기가 있는 때에는 지체 없이 멸실등기를 신청하여야 한다.

(2) 건물의 멸실 또는 부존재의 경우에 그 신청의무기간 내 그 소유권의 등기명의인이 멸실등기를 신청하지 아니하는 경우에는 그 건물의 대지의 소유자가 건물 소유권의 등기명의인을 대위하여 그 등기를 신청할 수 있다.

┌───
│ ♀ Tip 멸실등기
│
│ 1. 부동산 '전부' 멸실시
│ 　└ '일부' 멸실시에는 변경 또는 경정등기
│ 2. 표제부에 등기(사실의 등기) – 등기기록 폐쇄
│ 3. 소유권의 등기명의인의 단독신청(1개월의 신청의무)(과태료 ×)
│ 4. 건물대지소유자의 대위로 건물멸실등기 가능
│ 5. 대장등본 첨부하여 신청
│ 　① 토지멸실등기시에는 '반드시' 토지(임야)대장등본을 첨부
│ 　② 건물멸실등기시에는 건축물대장 '또는' 기타 건물멸실증명서면을 제출
│ 　　└ 건축물대장이 아닌 서면을 제출한 경우에는 신청서에 이해관계인의 기명날인을
│ 　　　받아 제출하거나, 이해관계인에게 통지절차를 거쳐야 한다.
└───

┌ 기출 ┐
1. 등기된 건물이 멸실된 경우에는 건물소유권의 등기명의인만이 멸실등기를 신청할 수 있는 것은 아니다. (○)
2. 건물이 멸실된 경우, 그 건물소유권의 등기명의인이 1개월 이내에 멸실등기 신청을 하지 않으면 그 건물대지의 소유자가 그 건물소유권의 등기명의인을 대위하여 멸실등기를 신청할 수 있다. (○) 제33회

기타 등기

제1절 **부기등기** 제28회, 제29회, 제30회, 제31회, 제32회, 제33회,제35회

기출 등기상 이해관계 있는 제3자의 승낙이 없으면 부기등기가 아닌 주등기로 해야 하는 것은? 제23회
① 소유자의 주소를 변경하는 등기명의인표시의 변경등기
② 근저당권을 甲에서 乙로 이전하는 근저당권이전등기
③ 전세금을 9천만원에서 1억원으로 증액하는 전세권변경등기
④ 등기원인에 권리의 소멸에 관한 약정이 있을 경우, 그 약정에 관한 등기
⑤ 질권의 효력을 저당권에 미치도록 하는 권리질권의 등기

▶ 정답 ③

기출
1. 피담보채무의 소멸을 이유로 근저당권설정등기가 말소되는 경우, 채무자를 추가한 근저당권변경의 부기등기는 직권으로 말소된다. (○)
2. 공유물의 소유권등기에 부기등기된 분할금지약정의 변경등기는 공유자의 1인이 단독으로 신청할 수 있다. (×) ⇨ 공유자 전원이 공동으로 신청하여야 한다.

꼭 보세요!

1. 부동산 표시변경의 등기는 언제나 주등기로 실행한다. (○)
2. 소유권에 대한 가압류는 부기등기로 실행한다. (×) − 주등기
3. 소유권 외의 권리에 대한 처분제한의 등기는 부기등기로 실행한다. (○)
4. 소유자의 주소를 변경하는 등기명의인표시의 변경등기는 항상 부기등기에 의한다. (○)
5. 전세금을 9천만원에서 1억원으로 증액하는 전세권변경등기는 등기상 이해관계 있는 제3자의 승낙이 없으면 부기등기가 아닌 주등기로 해야 한다. (○)
6. 근저당권에서 채권최고액 증액의 변경등기는 등기상 이해관계 있는 제3자가 없는 경우에 주등기로 할 수 있다. (×) − 부기등기
7. 권리의 변경등기는 그 등기로 등기상 이해관계 있는 제3자의 권리가 침해되는 경우, 그 제3자의 승낙 또는 이에 대항할 수 있는 재판이 있음을 증명하는 정보의 제공이 없으면 부기등기로 할 수 없다. (○)
8. 근저당권을 甲에서 乙로 이전하는 근저당권이전등기는 부기등기에 의한다. (○)
9. 환매권의 이전등기는 부기등기의 부기등기로 실행한다. (○)
10. 환매특약의 등기는 언제나 소유권이전등기에 부기등기로 실행한다. (○)
11. 지상권을 목적으로 한 저당권설정등기는 부기등기로 실행한다. (○)
12. 전전세권설정등기는 부기등기할 사항이다. (○)
13. 임차권설정등기가 마쳐진 후 임대차 기간 중 임대인의 동의를 얻어 임차물을 전대하는 경우, 그 전대등기는 부기등기의 방법으로 한다. (○)

---

(1) **등기명의인표시의 변경**(경정)**등기**: 언제나 부기등기

(2) **권리변경**(경정)**등기**

┌ 이해관계인이 없는 경우: 부기등기
└ 이해관계인이 있는 경우 ┌ 승낙받은 경우: 부기등기
　　　　　　　　　　　　　└ 승낙 없는 경우: 주등기

(3) ┌ 등기사항의 일부 말소회복등기 : 부기등기
　　└ 등기사항의 전부 말소회복등기 : 주등기

(4) ┌ 소유권이전(처분제한)등기 : 주등기
　　└ 소유권 이외의 권리이전(처분제한)등기 : 부기등기

(5) ┌ 소유권을 목적으로 한 저당권설정등기 : 주등기
　　└ 지상권 또는 전세권을 목적으로 한 저당권설정등기 : 부기등기

(6) **소유권 이외의 권리를 목적으로 하는 등기**

　　전전세권설정등기, 지상권이나 전세권자가 설정해 주는 지역권설정등기 등

(7) 권리질권등기, 채권담보권등기(언제나 부기)

(8) 환매특약등기(언제나 부기)

(9) 환매권의 이전등기(부기등기의 부기등기), 가등기의 이전등기

(10) 권리소멸약정등기, 공유물분할금지의 약정등기

기출 ✎ 전세금을 증액하는 전세권 변경등기는 등기상 이해관계 있는 제3자의 승낙 또는 이에 대항할 수 있는 재판의 등본이 없으면 부기등기가 아닌 주등기로 해야 한다. (○) 제32회

기출 ✎ 소유권이전청구권 가등기는 주등기의 방식으로 한다. (○) 제34회

💡Tip 공유물 분할금지의 약정등기는 부기등기로 실행한다.

💡Tip **언제나 주등기**
말소등기, 멸실등기, 소유권보존등기, 소유권이전등기, 대지권인 뜻의 등기, 표제부 표시란에 기재되는 등기 등

┌제2절┐ **가등기** 제26회, 제27회, 제28회, 제29회, 제30회, 제31회, 제32회, 제33회, 제34회,제35회

┌ **꼭 보세요!** ┐

1. 가등기 가처분명령에 의하여 가등기권리자 甲이 乙소유 건물에 대하여 가등기신청을 한 경우 등기관은 이를 수리하여야 한다. (○)
2. 가등기를 명하는 법원의 가처분명령이 있는 경우, 등기관은 법원의 촉탁에 따라 그 가등기를 한다. (✕) 촉탁이 아닌 단독신청
3. 가등기권리자가 가등기를 명하는 가처분명령을 신청할 경우 부동산의 소재지를 관할하는 지방법원에 신청한다. (○)
4. 소유권이전등기청구권이 정지조건부일 경우, 그 청구권보전을 위한 가등기를 신청할 수 없다. (✕) - 할 수 있다.
5. 가등기에 관하여 등기상 이해관계 있는 자가 가등기명의인의 승낙을 받은 경우, 단독으로 가등기의 말소를 신청할 수 있다. (○)
6. 가등기 후 제3자에게 소유권이 이전된 경우, 가등기에 의한 본등기 신청의 등기의무자는 가등기를 할 때의 소유자이다. (○)

7. 하나의 가등기에 관하여 여러 사람의 가등기권리자가 있는 경우에 그중 일부의 가등기권리자가 자기의 가등기지분에 관하여 본등기를 신청할 수 있다. (○)

8. 판례는 가등기에 의하여 순위보전의 대상이 되어 있는 물권변동청구권이 양도된 경우에, 그 가등기상의 권리이전등기를 가등기에 대한 부기등기의 형식으로 경료할 수 있다고 한다. (○)

9. 소유권이전등기청구권을 보전하기 위한 가등기에 대하여는 가압류등기를 할 수 없다. (✕) − 할 수 있다.

10. 가등기에 기한 소유권이전의 본등기를 한 경우에 가등기 후에 경료된 해당 가등기에 대한 가압류등기는 직권말소된다. (✕) − 직권말소대상이 아니다.

11. 가등기상의 권리의 처분을 금지하는 가처분등기는 등기할 사항이 아닌 경우로 각하사유이다. (✕) − 등기할 수 있다.

12. 지상권설정등기청구권 보전가등기에 의하여 본등기를 한 경우, 가등기 후 본등기 전에 마쳐진 해당 토지에 대한 저당권설정등기는 직권말소대상이 된다. (✕) − 직권말소 대상이 아니다.

13. 임차권설정등기청구권 보전가등기에 의한 본등기를 마친 경우, 등기관은 가등기 후 본등기 전에 가등기와 동일한 부분에 마친 부동산용익권등기를 직권말소한다. (○)

14. 저당권설정등기청구권 보전가등기에 의한 본등기를 한 경우, 등기관은 가등기 후 본등기 전에 마친 제3자 명의의 부동산용익권등기를 직권말소할 수 없다. (○)

(1) 가등기대상

가등기할 수 있는 경우	가등기할 수 없는 경우
① 본등기를 할 수 있는 권리의 설정, 이전, 변경 또는 소멸의 청구권을 보전하기 위해 가등기를 할 수 있다.	− 보존등기, 처분제한등기를 위한 가등기는 허용되지 않는다.
② 시기부, 정지조건부 청구권 보전	− 종기부, 해제조건부 청구권 ✕
③ 장래에 확정될 청구권 보전	
④ 채권적 청구권 보전	− 물권적 청구권 보전 ✕
⑤ 가등기의 이전등기(가등기의 가등기)	
⑥ 가등기상의 권리의 처분금지가처분	− 가등기에 기한 본등기처분을 금지하는 가처분 ✕
⑦ 신탁가등기	
⑧ 권리의 등기(갑구 또는 을구)	− 사실의 등기(표제부) ✕

기출

1. 가등기로 보전하려는 등기청구권이 해제조건부인 경우에는 가등기를 할 수 없다. (○) 제34회
2. 물권적 청구권을 보전하기 위한 가등기를 할 수 있다. (✕)
3. 소유권이전등기청구권을 보전하기 위한 가등기에 대하여는 가압류등기를 할 수 없다. (✕)
4. 가등기에 의하여 보전된 소유권이전청구권을 양도한 경우, 그 청구권의 이전등기는 가등기에 대한 부기등기로 한다. (○)
5. 근저당권 채권최고액의 변경등기청구권을 보전하기 위해 가등기를 할 수 있다. (○) 제32회
6. 가등기권리자는 가등기를 명하는 법원의 가처분명령이 있는 경우에는 단독으로 가등기를 신청할 수 있다. (○) 제32회
7. 정지조건부의 지상권설정청구권을 보전하기 위해서는 가등기를 할 수 없다. (✕) 제35회

(2) 가등기와 본등기의 절차

① 가등기신청

ㄱ 원칙: 공동신청

ㄴ 예외: 단독신청 – 가등기권리자

(＋'가등기의무자의 승낙서' 또는 '가등기가처분명령 정본')

> **보충** 가등기를 명하는 가처분명령
>
> 가등기를 명하는 가처분명령은 부동산의 소재지를 관할하는 지방법원이 가등기권리자의 신청으로 가등기 원인사실의 소명이 있는 경우에 할 수 있다(법 제90조).

② 본등기 당사자

본등기 권리자	가등기권리자 (또는 가등기상 권리를 이전받은 자)	ㄱ 일부 가등기권자의 자기 지분만 본등기 ○ ㄴ 일부 가등기권자의 전원에 대한 본등기 ×
본등기 의무자	가등기의무자 (제3취득자 ×)	제3자의 승낙 불요

> **보충** 당사자 사망의 경우 본등기 당사자
>
> 1. 가등기권자가 사망한 경우
>   가등기를 마친 후에 가등기권자가 사망한 경우, 가등기권자의 상속인은 상속등기를 할 필요 없이 상속을 증명하는 서면을 첨부하여 가등기의무자와 공동으로 본등기를 신청할 수 있다.
> 2. 가등기의무자가 사망한 경우
>   가등기를 마친 후에 가등기의무자가 사망한 경우, 가등기의무자의 상속인은 상속등기를 할 필요 없이 상속을 증명하는 서면과 인감증명 등을 첨부하여 가등기권자와 공동으로 본등기를 신청할 수 있다.

③ 등기관은 가등기에 의한 본등기를 하였을 때에는 대법원규칙으로 정하는 바에 따라 가등기 이후에 된 등기로서 가등기에 의하여 보전되는 권리를 침해하는 등기를 직권으로 말소하여야 한다(등기관이 가등기 이후의 등기를 직권말소한 경우에는 말소하는 이유 등을 명시하여 지체 없이 말소된 권리의 등기명의인에게 통지하여야 한다).

기출

1. 소유권이전등기청구권 보전가등기에 의한 본등기를 한 경우, 등기관은 그 가등기 후 본등기 전에 마친 등기 전부를 직권말소한다. (×)
2. 등기관이 소유권이전등기청구권 보전가등기에 의한 본등기를 한 경우, 가등기 후 본등기 전에 마쳐진 해당 가등기상 권리를 목적으로 하는 가처분등기는 직권으로 말소한다.
(×) 제32회

기출

1. 임차권설정등기청구권 보전가등기에 의한 본등기를 마친 경우, 등기관은 가등기 후 본등기 전에 가등기와 동일한 부분에 마친 부동산용익권등기를 직권말소한다. (○)
2. 저당권설정등기청구권 보전가등기에 의한 본등기를 한 경우, 등기관은 가등기 후 본등기 전에 마친 제3자 명의의 부동산용익권등기를 직권말소할 수 없다.
(○)
3. 지상권의 설정등기청구권 보전가등기에 의하여 지상권설정의 본등기를 한 경우, 가등기 후 본등기 전에 마쳐진 저당권설정등기는 등기관이 직권으로 말소한다. (×)
4. 임차권설정등기청구권 보전가등기에 의한 본등기를 한 경우 가등기 후 본등기 전에 마쳐진 저당권설정등기는 직권말소의 대상이 아니다. (○) 제32회

직권말소 ○	직권말소 ×
소유권가등기 후 본등기 전에 경료된 다음 등기 ㉠ 가등기 ㉡ 소유권이전등기 ㉢ 저당권 등 제한물권의 설정등기 ㉣ 가등기의무자의 사망으로 인한 상속등기 ㉤ 가압류등기, 가처분등기 ㉥ 경매신청등기 ㉦ 임차권설정등기	㉤ 단, 해당 가등기상의 권리목적 가압류등기나 가처분등기 ㉥ 단, 가등기 전에 마쳐진 담보가등기, 전세권, 저당권, 가압류 등에 기한 경매신청등기 ㉦ 단, 가등기권자에게 대항할 수 있는 주택임차권등기, 주택임차권설정등기, 상가건물임차권등기

규칙 제148조【본등기와 직권말소】 ① 등기관이 지상권, 전세권 또는 임차권의 설정등기청구권 보전가등기에 의하여 지상권, 전세권 또는 임차권의 설정의 본등기를 한 경우 가등기 후 본등기 전에 마쳐진 다음 각 호의 등기(동일한 부분에 마쳐진 등기로 한정한다)는 법 제92조 제1항에 따라 직권으로 말소한다.
1. 지상권설정등기
2. 지역권설정등기
3. 전세권설정등기
4. 임차권설정등기
5. 주택임차권등기 등. 다만, 가등기권자에게 대항할 수 있는 임차인 명의의 등기는 그러하지 아니하다. 이 경우 가등기에 의한 본등기의 신청을 하려면 먼저 대항력 있는 주택임차권등기 등을 말소하여야 한다.
② 지상권, 전세권 또는 임차권의 설정등기청구권 보전가등기에 의하여 지상권, 전세권 또는 임차권의 설정의 본등기를 한 경우 가등기 후 본등기 전에 마쳐진 다음 각 호의 등기는 직권말소의 대상이 되지 아니한다.
1. 소유권이전등기 및 소유권이전등기청구권 보전가등기
2. 가압류 및 가처분 등 처분제한의 등기
3. 체납처분으로 인한 압류등기
4. 저당권설정등기
5. 가등기가 되어 있지 않은 부분에 대한 지상권, 지역권, 전세권 또는 임차권의 설정등기와 주택임차권등기 등
③ 저당권설정등기청구권 보전가등기에 의하여 저당권설정의 본등기를 한 경우 가등기 후 본등기 전에 마쳐진 등기는 직권말소의 대상이 되지 아니한다.

(3) **가등기의 효력**

① 가등기에 기한 본등기의 순위는 가등기의 순위(소급)에 의한다. ⇨ 청구권 순위 보전 ○

② 물권변동시기가 가등기시로 소급하지는 않는다.

③ 처분금지효력 ×, 물권변동효력 ×, 추정력 ×

(4) **가등기의 말소**

① **원칙**: 공동신청

② **예외**: 단독신청

　㉠ 가등기명의인(＋가등기필정보 및 소유권가등기명의인의 인감증명첨부)

　㉡ 가등기의무자 또는 등기상 이해관계인(＋가등기명의인 승낙서 첨부)

::참고| 가등기와 본등기

1. 가등기와 본등기 신청시 첨부서면 정리

구분	가등기시	본등기시
검인	×	○
거래신고 및 신고필증 제출	×	○
등기필정보	가등기가처분명령 정본 첨부시 제공 ×	○ (본등기의무자의 등기필정보) 가등기명의인의 가등기필정보 ×
농지취득 자격증명	×	○
토지거래허가서	○	×
인감증명	○	○ (소유권등기명의인이 등기의무자인 경우)

2. 등기실행
본등기가 갑구면 가등기도 갑구, 본등기가 을구면 가등기도 을구 ⇨ 표제부에는 가등기를 실행할 수 없음

3. 형태
본등기가 주등기면 가등기도 주등기, 본등기가 부기등기면 가등기도 부기등기

---

1. 소유권이전등기청구권 보전을 위한 가등기에 기한 본등기가 경료된 경우, 본등기에 의한 물권변동의 효력은 가등기한 때로 소급하여 발생한다. (×) 제35회

2. 가등기의무자가 가등기명의인의 승낙을 얻어 단독으로 가등기의 말소를 신청하는 경우에는 그 승낙이 있음을 증명하는 정보를 등기소에 제공하여야 한다. (○)

3. 가등기에 관해 등기상 이해관계 있는 자가 가등기명의인의 승낙을 받은 경우, 단독으로 가등기의 말소를 신청할 수 있다. (○)

4. 가등기 후 소유권을 취득한 제3취득자는 가등기말소를 신청할 수 있다. (○)
⇨ 등기상 이해관계인으로 보아 가등기명의인의 승낙서를 첨부한다면 단독말소신청 가능

5. 가등기명의인은 그 가등기의 말소를 단독으로 신청할 수 없다. (×) 제33회

6. 가등기의무자는 가등기명의인의 승낙을 받더라도 가등기의 말소를 단독으로 신청할 수 없다. (×) 제33회

7. 소유권이전청구권 가등기에 기하여 본등기를 하는 경우, 등기관은 그 가등기를 말소하는 표시를 하여야 한다. (×) 제34회

4. 판결의 주문에는 피고에게 소유권이전청구권보전의 가등기에 기한 본등기절차의 이행을 명하지 아니하고 매매로 인한 소유권이전등기절차의 이행을 명한 경우라도 그 판결의 이유에서 피고의 소유권이전등기절차의 이행이 가등기에 기한 본등기절차의 이행임이 명백한 경우에는 그 판결을 원인증서로 하여 가등기에 기한 본등기를 신청할 수 있을 것이나, 이와 달리 판결의 주문과 이유에 그러한 취지의 기재가 모두 누락된 경우에는 비록 그 원인일자가 동일한 소유권이전등기절차의 이행을 명하는 판결에 의하더라도 가등기에 기한 본등기를 신청할 수 없다(등기 3402-780 질의회답).

⤷ 1. 주문 ○, 이유 × ⇨ 본등기 가능
  2. 주문 ×, 이유 ○ ⇨ 본등기 가능
  3. 주문 ×, 이유 × ⇨ 본등기 불가능

5. 다른 원인으로 소유권이전등기를 한 경우

소유권이전청구권가등기권자가 가등기에 의한 본등기를 하지 않고 다른 원인에 의한 소유권이전등기를 한 후에는 다시 그 가등기에 의한 본등기를 할 수 없다. 다만, 가등기 후 위 소유권이전등기 전에 제3자 앞으로 처분제한의 등기가 되어 있거나 중간처분의 등기가 된 경우에는 그러하지 아니하다(예규 제1632호).

MEMO

제36회 공인중개사 시험대비 **전면개정판**

2025 박문각 공인중개사
김병렬 필수서 2차 부동산공시법령

초판인쇄 | 2025. 2. 1. **초판발행** | 2025. 2. 5. **편저** | 김병렬 편저
발행인 | 박 용 **발행처** | (주)박문각출판 **등록** | 2015년 4월 29일 제2019-000137호
주소 | 06654 서울시 서초구 효령로 283 서경 B/D 4층 **팩스** | (02)584-2927
전화 | 교재 주문 (02)6466-7202, 동영상문의 (02)6466-7201

저자와의
협의하에
인지생략

정가 17,000원
ISBN 979-11-7262-586-3